꼴찌들의 복음
(1)

누가복음 강해 설교집

김 사무엘

목 차

1. 복음의 근원부터 등장하는 세례 요한
   (눅 1:1-17) · 6

2. 믿는 자에게 임하는 하나님의 역사
   (눅 1:26-38) · 14

3. 죄 사함으로 말미암는 구원
   (눅 1:67-80) · 22

4. 가장 낮은 곳으로 임하신 하나님의 아들
   (눅 2:1-7) · 30

5. 소자들에게 전해진 "큰 기쁨의 좋은 소식"
   (눅 2:8-19) · 38

6. 여러분은 예수님과 동행하십니까?
   (눅 2:41-52) · 43

7. 예수님께서 받으신 세례의 중요성
   (눅 3:15-22) · 50

8. 그리스도 안에서 이기게 하시는 하나님
   (눅 4:1-13) · 59

9. 하나님의 종에게 필요한 세 요건
   (눅 5:1-11) · 67

10. 네 죄 사함을 받았느니라
    (눅 5:17-26) · 76

11. 지옥에 가야 할 죄인이라야 구원을 받습니다
　　　　　　　　　　　　　　(눅 5:27-35)　•　84

12. 새 마음을 가져야 구원을 받습니다
　　　　　　　　　　　　　　(눅 5:36-39)　•　93

13. 안식일의 주인께서 기뻐하시는 일
　　　　　　　　　　　　　　(눅 6:1-11)　•　102

14. 의인들은 기쁨으로 자비를 베풉니다
　　　　　　　　　　　　　　(눅 6:20-36)　•　111

15. 기독죄인들은 속히 죄 사함을 받아야 합니다
　　　　　　　　　　　　　　(눅 6:39-45)　•　119

16. 인간의 의로는 결코 들어갈 수 없는 천국
　　　　　　　　　　　　　　(눅 7:16-30)　•　127

17. 누가 더 예수를 사랑하겠느냐?
　　　　　　　　　　　　　　(눅 7:36-50)　•　137

18. 내 마음은 어떤 종류의 밭인가?
　　　　　　　　　　　　　　(눅 8:4-15)　•　146

19. 단번에 주신 믿음의 도
　　　　　　　　　　　　　　(눅 8:43-48)　•　156

머 리 말

누가복음은 의의 꼴찌라야 진리의 복음을 믿어서 구원을 얻는다고 선포합니다.

"물과 피로 임하신 자"(요일 5:6) 예수 그리스도의 복음을 믿어서 단번에 죄 사함을 받고 하나님의 자녀가 되는 은혜를 누가 받았습니까?

세리장 삭개오, 거지 나사로, 강도들에게 맞아서 거반 죽게 된 자, 열두 해 동안 혈루병을 앓았던 여인, 그리고 자기 의를 다 잃어버린 둘째 아들 등 의의 꼴찌들이 예수님을 만나서 구원을 받았습니다.

자기 의의 부자인 바리새인이나 서기관들은 **"죄 사함으로 말미암는 구원"**(눅 1:77)을 받지 못했습니다. 자기 의에 있어서 제일 꼴찌인 십자가의 한편 강도가 예수님을 구주로 믿고 낙원에 들어갔습니다.

자기 의의 꼴찌들이라야 구원을 받습니다.

이것이 누가복음의 일관된 메시지입니다.

2022년 8월 15일
제주 의제당(義齊堂)에서
김 정 수 사무엘 목사

복음의 근원부터 등장하는 세례 요한

"우리 중에 이루어진 사실에 대하여

처음부터 말씀의 목격자 되고 일군 된 자들의 전하여 준 그대로 내력을 저술하려고 붓을 든 사람이 많은지라

그 모든 일을 근원부터 자세히 미루어 살핀 나도 데오빌로 각하에게 차례대로 써 보내는 것이 좋은 줄 알았노니

이는 각하로 그 배운 바의 확실함을 알게 하려 함이로라

유대 왕 헤롯 때에 아비야 반열에 제사장 하나가 있으니 이름은 사가랴요 그 아내는 아론의 자손이니 이름은 엘리사벳이라

이 두 사람이 하나님 앞에 의인이니 주의 모든 계명과 규례대로 흠이 없이 행하더라

엘리사벳이 수태를 못하므로 저희가 무자하고 두 사람의 나이 많더라

마침 사가랴가 그 반열의 차례대로 제사장의 직무를 하나님 앞에 행할쌔

제사장의 전례를 따라 제비를 뽑아 주의 성소에 들어가 분향하고

모든 백성은 그 분향하는 시간에 밖에서 기도하더니

주의 사자가 저에게 나타나 향단 우편에 선지라

사가랴가 보고 놀라며 무서워하니

천사가 일러 가로되 사가랴여 무서워 말라 너의 간구함이 들린지라 네 아내 엘리사벳이 네게 아들을 낳아 주리니 그 이름을 요한이라 하라

너도 기뻐하고 즐거워할 것이요 많은 사람도 그의 남을 기뻐하

리니

이는 저가 주 앞에 큰 자가 되며 포도주나 소주를 마시지 아니하며 모태로부터 성령의 충만함을 입어

이스라엘 자손을 주 곧 저희 하나님께로 많이 돌아오게 하겠음이니라

저가 또 엘리야의 심령과 능력으로 주 앞에 앞서 가서 아비의 마음을 자식에게, 거스리는 자를 의인의 슬기에 돌아오게 하고 주를 위하여 세운 백성을 예비하리라"(눅 1:1-17).

누가복음은 "꼴찌들의 복음"입니다. 누가복음의 기자(記者) 누가는 "자기의 의를 다 잃어버린 소자(小子)들이 구원을 받는다"라고 선포합니다.

누가복음을 기록한 누가는 사도 바울과 복음의 선교 여행에 동행했던 의사입니다. 누가는 데오빌로 각하를 1차 독자로 삼는 형식으로 누가 복음서와 사도행전을 기록했습니다.

데오빌로 각하에게

데오빌로는 각하라는 호칭으로 불릴 정도의 고관이었습니다. 그는 하나님을 경외하는 사람으로서 누가에게 예수 그리스도에 관하여 말씀을 들었던 것 같습니다. 누가는 예수 그리스도의 복음을 처음부터 자세히 살펴본 자로서, 이미 구원의 말씀을 들었던 "데오빌로 각하에게 차례대로 써 보내는 것이 좋은 줄 알았노니 이는 각하로 그 배운 바의 확실함을 알게 하려 한다"(눅 1:3-4)라고 누가복음의 기술 목적을 밝히고 있습니다.

누가 복음서는 데오빌로 각하라는 특정인에게 쓴 것 같은 사신(私信)의 형식을 보이지만, 실상은 모든 인생들이 생명을 얻게 하려는 목적으로 쓰인 복음서입니다.

하나님의 말씀 전체를 관통하는 메시지는 "구원은 전적으로 하나님께서 베푸시는 은총이지만, 심령이 가난한 자라야 그 은혜를 입는다"라는 진리입니다. 부자가 천국에 들어가는 것은 낙타가 바늘귀로 들어가는 것보다 어렵습니다. 이 말에서 "부자"란 물질의 부자를 일컫는 말이 아닙니다. 그것은 자기 의의 부자, 즉 자기가 대단히 잘났고 선하다고 자부하는 사람들을 의미합니다. 예수님 시대의 바리새인들이 대표적인 "영적 부자들"이었습니다.

비록 데오빌로라는 이가 각하라는 고관(高官)이었지만, 그가 누가에게 하나님의 말씀을 배운 것으로 볼 때, 그의 심령은 가난했을 것으로 여겨집니다. 자기가 얼마나 부족하고 연약한지를 아는 자라야 하나님의 은혜를 갈망해서, **"죄 사함으로 말미암는 구원"**(눅 1:77)을 받습니다.

예수님은 산상수훈(山上垂訓)의 첫 구절에서, **"심령이 가난한 자는 복이 있나니 천국이 저희 것임이요"**(마 5:3)라고 말씀하셨는데, **"심령이 가난한 자"**가 바로 소자(小子)입니다. 소자라는 말은 의의 부자라는 말의 반대어입니다. 세상의 물질이나 명예나 권력을 많이 가지고 있어도 심령이 가난한 자는 소자입니다.

누가복음은 소자(小子), 즉 자기의 의를 다 잃어버린 자라야 구원을 받는다는 진리를 한결같이 선포하고 있습니다. 그것이 누가복음을 **"꼴찌들의 복음"**이라고 부르는 이유입니다. 그런 특징이 누가복음 15장의 잃었던 양의 비유, 잃었던 은전의 비유, 그리고 잃었던 아들의 비유에 잘 나타나 있습니다.

주님은 자기의 의를 다 잃어버린 자를 만나서 구원의 은총을 입혀 주십니다. 주님은 스스로 의롭다고 여기는 현대판 바리새인들에게는 구원의 은총을 입히실 수 없습니다. 죄악의 바다에 빠져 있으면서도 거룩한 척하는 자들에게 어떻게 하나님의 의를 입혀 줄 수 있겠습니까? 그런 자칭 의인들은 영혼의 의사이신 예수님을 필요로 하지도 않습니다. "내가 의인을 부르러 온 것이 아니요 죄인을 불러 회개시키러 왔노라"(눅 5:32)는 주님의 말씀이 누가복음의 메시지를 함축하고 있는 요절(要節)입니다.

복음의 근원부터 살핀 누가가 언급한 세례 요한

"그 모든 일을 근원부터 자세히 미루어 살핀 나도 데오빌로 각하에게 차례대로 써 보내는 것이 좋은 줄 알았노니 이는 각하로 그 배운 바의 확실함을 알게 하려 함이로라"(눅 1:3-4).

누가는 복음의 근원부터 자세히 살핀 바를 기록한다면서, 세례 요한의 혈통과 출생에 대해 언급했습니다. 세례 요한의 아버지 사가랴는 아비야 반열의 제사장이었습니다. 아비야는 첫 번째 대제사장 아론의 손자이니, 결국 세례 요한은 아론의 후손이라는 뜻입니다. 또한 요한의 어머니 엘리사벳도 아론의 후손이었습니다. 이는 세례 요한이 대제사장의 사역을 이어받은 하나님의 종이라는 의미입니다.

대제사장의 가장 중요한 사역은 대속죄일(大贖罪日)의 제사를 드리는 일이었습니다. 매년 제7월 제10일에 대제사장은 자기와 자기 식구들을 위해서 수송아지 한 마리를 속죄의 제물로 드렸습니다. 그리고 백성들의 속죄를 위해서 두 마리의 숫염소를 준비해서,

그중 한 마리는 수송아지를 드린 제사와 똑같은 방법으로 성막 안에서 제사를 드렸습니다.

그 후 대제사장은 남은 한 마리의 숫염소를 끌고서 성막 뜰 문을 열어젖히고 나왔습니다. 그리고 모든 백성들이 보는 가운데, 대제사장은 그 숫염소의 머리에 안수하고 이스라엘 백성 전체가 지난 일 년 동안 지은 죄를 고했습니다. 그러면 그 모든 죄가 숫염소의 머리로 넘어갔습니다. 그 염소는 미리 정한 사람의 손에 이끌려서 광야 깊은 곳에 버려져 죽었습니다.

"유대 왕 헤롯 때에 아비야 반열에 제사장 하나가 있으니 이름은 사가랴요 그 아내는 아론의 자손이니 이름은 엘리사벳이라"(눅 1:5).

세례 요한의 아버지 사가랴는 아비야 반열의 제사장이었는데, 아비야는 아론의 손자입니다. 다윗 왕은 말년에 24명의 아론의 손자를 기준으로 모든 제사장들을 24개 반으로 편성했습니다. 그리고 한 반(班)이 각기 보름 정도씩 제사장의 직무를 수행하도록 했는데, 그중 여덟 번째 반이 아비야 반열이었습니다(대상 24:10).

이렇게 세례 요한은 아론의 직계 후손이었고 그의 어머니 엘리사벳도 아론의 후손이었습니다. 그는 첫 번째 대제사장 아론의 직분을 이어받아, 전 인류의 구원자로 오실 메시아를 기다리고 있었습니다.

"만군의 여호와가 이르노라 보라 내가 내 사자를 보내리니 그가 내 앞에서 길을 예비할 것이요"(말 3:1). 하나님께서는 구원자 메시아를 보내시기 전에 그의 길을 예비할 종으로 엘리야와 같은 종을 보내시겠다고 약속하셨습니다.

"보라 여호와의 크고 두려운 날이 이르기 전에 내가 선지 엘리야를 너희에게 보내리니 그가 아비의 마음을 자녀에게로 돌이키게 하고 자녀들의 마음을 그들의 아비에게로 돌이키게 하리라 돌이키지 아니하면 두렵건대 내가 와서 저주로 그 땅을 칠까 하노라 하시니라"(말 4:5-6).

엘리야는 아합 왕 시대의 선지자입니다. 그는 우상 숭배에 빠져 있던 이스라엘 백성들의 마음을 돌이켜서 여호와께로 향하게 했던 하나님의 종입니다. 그는 갈멜산에서 850명의 바알과 아세라의 제사장들과 대결하여 여호와 하나님이 유일한 참신(神)임을 증거하고 우상의 선지자들을 진멸한 종입니다.

그래서 천사가 사가랴에게 세례 요한을 보내시는 하나님의 뜻을 알려주면서, **"이스라엘 자손을 주 곧 저희 하나님께로 많이 돌아오게 하겠음이니라 저가 또 엘리야의 심령과 능력으로 주 앞에 앞서 가서 아비의 마음을 자식에게, 거스리는 자를 의인의 슬기에 돌아오게 하고 주를 위하여 세운 백성을 예비하리라"**(눅 1:16-17)고 예언했던 것입니다. 예수님께서도 **"모든 선지자와 및 율법의 예언한 것이 요한까지니 만일 너희가 즐겨 받을찐대 오리라 한 엘리야가 곧 이 사람이니라"**(마 11:13-14)고 말씀하셨습니다.

또한 예수님께서는, **"여자의 몸에서 난 자 중에 세례 요한보다 큰 이가 일어남이 없도다"**(마 11:11)라고도 말씀하셨습니다. 이 말씀은 세례 요한은 전 인류의 대표자라는 뜻입니다. 아론은 이스라엘 백성의 대표자로 희생 제물에게 안수(按手)함으로써 이스라엘 백성들의 1년 치 죄를 단번에 희생 염소에게 넘겼습니다. 세례 요한은 하나님의 어린양으로 오신 예수님의 머리에 안수의 형식으로 세례를 베풀어서, 전 인류의 모든 죄를 단번에 예수님께 넘겼습니다. **"그 세례"**(행 10:37)로 예수님은 **"세상 죄를 지고 가는 하나님의 어린양"(요 1:29)이 되셨습니다.

하나님께로서 보내심을 받은 세례 요한

사람들은 세례 요한을 성경의 무대에 잠시 지나가는 단역(엑스트라) 배우 정도로 여기고 있지만, 그는 예수님의 구원 사역에 있어서 결정적으로 중요한 역할을 담당했던 종입니다. 그는 복음의 근원에서부터 등장하는 인물입니다. 세례 요한이 누구인지, 그가 예수님의 구원 사역에서 어떠한 역할을 담당했는지를 잘 알아야 **"죄 사함으로 말미암는 구원"**(눅 1:77)을 받습니다.

그는 엘리야의 심령으로 백성들의 마음을 하나님께로 돌이키게 하는 사역을 감당하도록 보내심을 받은 하나님의 종입니다. 세례 요한은 대제사장 아론의 직계 후손이고 또 여자의 몸에서 난 자 중에 가장 큰 자였습니다. 세례 요한이 요단강으로 나오신 예수님의 머리에 안수(按手)의 형식으로 베푼 세례는 전 인류의 죄를 단번에 예수님의 몸에 전가(轉稼, 옮겨 심음) 시킨 능력의 세례입니다.

"하나님께로서 보내심을 받은 사람이 났으니 이름은 요한이라 저가 증거하러 왔으니 곧 빛에 대하여 증거하고 모든 사람으로 자기를 인하여 믿게 하려 함이라"(요 1:6-7).

세례 요한은 흑암에 앉아 있던 백성들에게 참빛으로 오신 예수님을 소개하고 증거하러 온 하나님의 종입니다. 우리는 세례 요한의 증거로 **"물과 피로 임하신 자"**(요일 5:6)인 예수님께서 우리의 모든 죄를 없애 주셨다는 사실을 깨닫고 믿습니다.

누가복음은 소자(小子)들, 즉 꼴찌들을 위한 복음입니다. 누가

복음은 자기 의를 다 잃어버린 자, 하나님 앞에 자기가 얼마나 부족하고 연약하며 더럽고 추악한지를 인정하는 자라야 **"죄 사함으로 말미암는 구원"**을 받는다고 선포합니다.

또한 예수님의 구원 사역을 근원에서부터 자세히 살핀 누가가 자신의 복음서를 세례 요한의 출생과 사역에서 시작하여 기술하고 있다는 사실도 주목해야 합니다. 복음의 **"그 모든 일을 근원부터 자세히 미루어 살핀"**(눅 1:3) 누가는 **"모든 의를 이루신"** 예수님의 구원 사역에 있어서, 세례 요한의 사역이 얼마나 중요하며 절대 불가결한 요소인지를 증거하고 있습니다.

믿는 자에게 임하는 하나님의 역사

"여섯째 달에 천사 가브리엘이 하나님의 보내심을 받들어 갈릴리 나사렛이란 동네에 가서
다윗의 자손 요셉이라 하는 사람과 정혼한 처녀에게 이르니 그 처녀의 이름은 마리아라
그에게 들어가 가로되 은혜를 받은 자여 평안할찌어다 주께서 너와 함께하시도다 하니
처녀가 그 말을 듣고 놀라 이런 인사가 어찌함인고 생각하매
천사가 일러 가로되 마리아여 무서워 말라 네가 하나님께 은혜를 얻었느니라
보라 네가 수태하여 아들을 낳으리니 그 이름을 예수라 하라
저가 큰 자가 되고 지극히 높으신 이의 아들이라 일컬을 것이요 주 하나님께서 그 조상 다윗의 위를 저에게 주시리니
영원히 야곱의 집에 왕노릇 하실 것이며 그 나라가 무궁하리라
마리아가 천사에게 말하되 나는 사내를 알지 못하니 어찌 이 일이 있으리이까
천사가 대답하여 가로되 성령이 네게 임하시고 지극히 높으신 이의 능력이 너를 덮으시리니 이러므로 나실바 거룩한 자는 하나님의 아들이라 일컬으리라
보라 네 친족 엘리사벳도 늙어서 아들을 배었느니라 본래 수태하지 못한다 하던 이가 이미 여섯 달이 되었나니
대저 하나님의 모든 말씀은 능치 못하심이 없느니라
마리아가 가로되 주의 계집 종이오니 말씀대로 내게 이루어지이다 하매 천사가 떠나가니라"(눅 1:26-38).

갈릴리 나사렛 마을에 요셉이라는 목수와 정혼한 처녀가 있었습니다. 가브리엘 천사가 그 처녀 마리아에게 찾아가서, **"보라 네가 수태하여 아들을 낳으리니 그 이름을 예수라 하라"**라고 하나님의 말씀을 전해 주었습니다.

마리아로서는 도저히 납득할 수 없는 말이었습니다. 그녀는 어안이 벙벙해서 천사에게, **"나는 사내를 알지 못하니 어찌 이 일이 있으리이까"** 하며 반문했습니다. 천사 가브리엘은 마리아에게 부연해서 설명을 해 주었습니다.

"보라 네 친족 엘리사벳도 늙어서 아들을 배었느니라 본래 수태하지 못한다 하던 이가 이미 여섯 달이 되었나니 대저 하나님의 모든 말씀은 능치 못하심이 없느니라"(눅 1:36-37).

천사의 말에, 마리아는 **"주의 계집 종이오니 말씀대로 내게 이루어지이다"**(눅 1:38)라고 응답했습니다. 마리아로서는 도저히 이해가 되지 않는 말씀이었지만, 그것이 천사가 전한 하나님의 말씀이었기에, 마리아는 그 말씀을 받아들이고 믿었습니다. 그리고 말씀대로 이루어졌습니다.

마리아라는 믿음의 처녀를 통해서 성자(聖子) 하나님께서 마리아의 태중에 잉태되셨습니다. 마리아는 하나님의 구원의 역사에 있어서 조력자로서, 자기의 몸을 기쁨으로 드렸습니다. 말씀에 순종한 마리아의 믿음을 통해서 성자 하나님께서 육신을 입고 이 땅에 오셨습니다.

믿음이란 무엇인가?

기독교인 중에서 "믿음이 좋다"라는 평가를 받는 사람들이 많습니다. 그런데 기독교인들이 정의하는 "믿음"은 대단한 헌신과 기도와 희생 등과 동의어로 쓰이는 경향이 있습니다. 그러나 믿음이란 어떤 대단한 희생이나 헌신보다는 "하나님의 말씀을 온전히 믿는 것"입니다.

"믿음은 바라는 것들의 실상이요 보지 못하는 것들의 증거니 선진들이 이로써 증거를 얻었느니라 믿음으로 모든 세계가 하나님의 말씀으로 지어진 줄을 우리가 아나니 보이는 것은 나타난 것으로 말미암아 된 것이 아니니라"(히 11:1-3).

하나님이나 천국과 지옥 등은 육신의 눈으로 볼 수 없습니다. 눈으로 보지 못하는 것들, 즉 영적인 세계는 오직 말씀을 통해서만 볼 수 있고 믿을 수 있습니다. 우주가 창조되기 전에는 아무것도 없었습니다. 그런데 **"없는 것을 있는 것 같이 부르시는"**(롬 4:17) 하나님께서 우주와 그 안에 있는 모든 것들을 말씀으로 불러내셨습니다. 우리는 하나님의 말씀을 믿음으로 모든 세계가 말씀으로 지어졌음을 압니다.

그런데 사단 마귀는 사람에게 죄를 불어넣고 그들의 의식 세계를 지배하게 되었습니다. 사람들의 정신세계가 사단 마귀에 의해서 너무 오랫동안 세뇌 당해서, **"악을 선하다 하며 선을 악하다 하며 흑암으로 광명을 삼으며 광명으로 흑암을 삼으며 쓴 것으로 단 것을 삼으며 단 것으로 쓴 것을 삼는"**(사 5:20) 지경에 이르게 되었습니다.

아브라함은 믿음의 조상입니다. 그는 갈대아 땅의 우르(Ur)에서 하나님의 음성을 듣고 하나님께서 이끄시는 대로 말씀을 좇아갔습니다. 하나님께서 가라고 지시하신 땅은 가 본 적도 없고, 그곳에 어떤 위험이 도사리고 있는지 전혀 알 수가 없었습니다.

함께 동행했던 아브라함의 아버지 데라와 그의 동생 나홀은 유브라데 강 상류까지 아브라함과 동행했지만, 더 이상 나아가지 못하고 하란에 주저앉았습니다. 그러나 아브라함은 홀로 하나님의 말씀을 좇아갔습니다. 아브라함이 가족들과 헤어지는 것은 쉽지 않은 일이었을 것입니다. 하지만 그는 자기 생각을 부인하고 하나님의 말씀을 절대적으로 믿고 좇았습니다.

믿음은 자기의 생각이나 경험이나 지식이나 또는 세상의 대세(大勢)나 여건 등을 부인하고 하나님의 말씀을 절대적인 진리라고 확신하며 좇는 것입니다. 마리아는 남자를 알지 못했지만, 가브리엘 천사가 전해 준 하나님의 말씀을 믿었습니다. 자칫하면 그녀는 간음을 했다는 오해를 받고 파혼을 당하거나 돌에 맞아 죽을 위험에 처할 수도 있었습니다. 그러나 마리아는 하나님을 절대적으로 믿었습니다.

하나님 말씀을 믿으면 그 말씀이 성취되는 것을 경험합니다. 그것이 믿음의 삶입니다. 믿음은 이론이 아니라 실제입니다. 사도 바울이 "**기록한바 내가 믿는 고로 말하였다 한 것 같이 우리가 같은 믿음의 마음을 가졌으니 우리도 믿는 고로 또한 말하노라**"(고후 4:13)고 선포한 것처럼, "**의의 말씀을 경험**"(히 5:13)한 자들은 하나님의 말씀은 반드시 성취된다고 믿기에 담대하게 말씀을 좇아갑니다.

우리도 자기의 생각을 부인해야
예수님을 잉태할 수 있다

온전한 믿음이 우리의 마음에 자리 잡으려면 자기의 생각을 부인해야 합니다. 자기 육신의 생각을 버리지 않으면 말씀을 온전히 믿을 수 없습니다. 우리는 말씀을 믿음으로 하나님의 씨를 잉태합니다.

"너희가 거듭난 것이 썩어질 씨로 된 것이 아니요 썩지 아니할 씨로 된 것이니 하나님의 살아 있고 항상 있는 말씀으로 되었느니라"(벧전 1:23).

"하나님의 살아 있고 항상 있는 말씀"은 생명의 복음입니다. 예수님은 성자(聖子) 하나님입니다. 지금부터 약 2,000년 전에 영(靈)이신 성자 하나님께서 갈릴리 나사렛 마을의 처녀 마리아의 태에 성령으로 잉태되셨습니다. 마리아가 하나님의 말씀을 믿음으로 약속의 씨(갈 3:16)를 잉태했습니다.

흠 없는 어린양으로 오신 예수님은 제사장들이 기름부음을 받는 나이인 서른 살이 되셨을 때에, 갈릴리에서 요단강으로 나오셔서 인류의 대표자인 세례 요한에게 안수의 형식으로 세례를 받으셨습니다.

세례 요한은 대제사장 아론의 후손이었으며, 여자의 몸에서 난 자 중에서, 즉 인류 중에서 가장 큰 자였습니다. 인류의 대표자가 인류의 죄를 대속하러 오신 어린양의 머리에 안수의 형식으로 세례를 베풀었습니다. 안수(按手)는 죄를 제물에게로 넘기는 하나님의 공의한 법입니다.

"이제 허락하라 우리가 이와 같이 하여 모든 의를 이루는 것이 합당하니라"(마 3:15).

예수님께서 안수의 형식으로 받으신 세례는 세상의 모든 죄와 허물을 당신의 몸에 넘겨받은 세례였습니다. "그 세례"(행 10:37)로 세상의 모든 죄가 예수님에게 전가(轉稼, 옮겨 심음) 되었기에,

예수님은 세례 받으신 이튿날에, **"보라 세상 죄를 지고 가는 하나님의 어린 양이로다"**(요 1:29)라는 증거를 세례 요한에게서 받으셨습니다.

받으신 세례로 세상 죄를 짊어지신 하나님의 어린양은 십자가에 못 박혀서 6시간 동안 절규하시면서 온몸의 피를 다 쏟으셨습니다. 예수님은 십자가에서 흘리신 보혈로, 세례 받으셨을 때에 짊어지신 인류 전체의 죄를 깨끗이 갚아 주셨습니다.

예수님은 **"물과 피로 임하신"**(요일 5:6) 분입니다. 물은 요단강 물에서 받으신 예수님의 세례를 의미하고, 피는 주님께서 십자가에서 흘리신 대속의 보혈을 지칭합니다. "물로만 아니요 물과 피로 **임하셨고 증거하는 이는 성령이시니 성령은 진리니라 증거하는 이가 세 분이시니 성령과 물과 피라 이 셋이 합하여 하나이니라"**(요일 5:6-8).

성령의 증거와 물의 증거와 피의 증거를 다 가진 복음이 진리의 복음입니다. 그런데 기독교인들은 지금까지 종교의 마을에서 주워들은 거짓말들과 굳어진 자기의 생각 때문에, 하나님의 생명의 씨인 진리의 복음을 거부합니다.

"지금 기독교인들은 다 예수님의 십자가의 피만 믿는데, 왜 당신은 예수님께서 받으신 세례를 강조합니까?" 하고 반박하는 이들이 많습니다. 그러나 예수님께서 받으신 세례의 능력을 빼 버리면 성경대로의 복음과 다른 복음이 됩니다.

구약의 속죄 제사는 ①흠 없는 제물, ②안수(죄를 넘김), 그리고 ③ 피 흘림(대속의 죽음)이라는 세 가지 조건이 충족되어야만 합법적인 제사였습니다. 만일 어떤 죄인이 흠 없는 제물을 끌고 왔지만 안수도 하지 않고 그냥 잡아서 번제로 드렸다면, 그것은 불법의 제사입니다. 그런 제사를 드리는 것은 하나님 앞에서 저주받을 짓입니다.

예수님께서 받으신 세례가 복음의 시작입니다

그처럼 하나님의 아들이 육신을 입고 흠 없는 제물로 오신 것은, 반드시 인류의 모든 죄를 넘겨받는 안수를 받기 위한 것이었습니다. 그래서 예수님께서 인류의 대표자에게 안수의 형식으로 세례를 받으셨습니다. 예수님께서 받으신 세례가 **"복음의 시작"**(막 1:1)입니다. 그래서 4복음서가 공히 예수님의 세례를 서두에 기록하고 있는 것입니다.

사도 바울은 **"누구든지 그리스도와 합하여 세례를 받은 자는 그리스도로 옷 입었느니라"**(갈 3:27)고 선포했습니다. 또 그는 **"내가 그리스도와 함께 십자가에 못 박혔나니"**(갈 2:20)라고도 단언했습니다. 이 말씀들은 예수님께서 받으신 세례의 능력을 믿지 않으면 결코 이해할 수 없는 진리의 말씀들입니다.

우리는 기독교의 교리나 어떤 설교자의 가르침을 듣고 거듭난 것이 아닙니다. 우리는 하나님의 생명의 씨인 물과 피의 복음을 믿어서 거듭났습니다. 여러분은 지금까지 예수님의 피만의 복음을 믿어서 마음의 죄가 흰 눈같이 씻어졌습니까? 자기의 죄가 예수님께 넘어간 증거의 말씀이 없는데 어떻게 죄가 없어지겠습니까? 그래서 대부분의 기독교인들은 기독죄인(基督罪人)으로 남아 있는 것입니다.

우리가 자기 생각을 부인하고 하나님의 말씀을 온전히 믿을 때에, 우리는 거듭나서 영생의 생명을 얻고 더 얻어 풍성하게 됩니다.

마리아는 자기의 생각을 부인하고 천사가 전해 준 하나님의 말씀을 순종해서 생명의 씨인 예수 그리스도를 잉태했습니다. 우리도 자기 생각을 부인하고 말씀을 온전히 믿으면 의의 말씀을 경험하게 됩니다.

저는 자비량(自費糧) 하며 복음을 전파하는 사역자입니다. 복음의 기업을 운영하면서 암담한 때도 많았습니다. 그때마다 저는 **"너희는 먼저 그의 나라와 그의 의를 구하라 그리하면 이 모든 것을 너희에게 더하시리라"**(마 6:33)는 말씀을 더욱 굳게 믿었습니다. 그런 저에게 하나님은 당신의 의의 말씀을 경험하게 하시고, 믿음의 연단을 통해서 저를 믿음의 사람으로 자라게 하셨습니다. 믿음이란 자기의 생각을 부인하고 말씀을 믿음으로 의의 말씀을 경험하는 것입니다.

죄 사함으로 말미암는 구원

"그 부친 사가랴가 성령의 충만함을 입어 예언하여 가로되
 찬송하리로다 주 이스라엘의 하나님이여 그 백성을 돌아보사 속량하시며
 우리를 위하여 구원의 뿔을 그 종 다윗의 집에 일으키셨으니
 이것은 주께서 예로부터 거룩한 선지자의 입으로 말씀하신 바와 같이
 우리 원수에게서와 우리를 미워하는 모든 자의 손에서 구원하시는 구원이라
 우리 조상을 긍휼히 여기시며 그 거룩한 언약을 기억하셨으니
 곧 우리 조상 아브라함에게 맹세하신 맹세라
 우리로 원수의 손에서 건지심을 입고
 종신토록 주의 앞에서 성결과 의로 두려움이 없이 섬기게 하리라 하셨도다
 이 아이여 네가 지극히 높으신 이의 선지자라 일컬음을 받고 주 앞에 앞서 가서 그 길을 예비하여
 주의 백성에게 그 죄 사함으로 말미암는 구원을 알게 하리니
 이는 우리 하나님의 긍휼을 인함이라 이로써 돋는 해가 위로부터 우리에게 임하여
 어두움과 죽음의 그늘에 앉은 자에게 비취고 우리 발을 평강의 길로 인도하시리로다 하니라
 아이가 자라며 심령이 강하여지며 이스라엘에게 나타나는 날까지 빈 들에 있으니라"(눅 1:67-80).

누가는 예수 그리스도의 구속 사역을 근원에서부터 자세히 살펴보고, 일어난 일의 차례대로 복음서를 썼습니다. 그런 연유로, 누가는 다른 복음서에 비해서 가장 자세하게 세례 요한의 출생과 사역에 대해서 기록했습니다.

하나님께서 보내신 종, 세례 요한의 사역은 우리의 구원에 있어서 매우 중요합니다. 그는 예수님보다 먼저 와서 이스라엘 백성들의 마음을 하나님께로 돌이키게 했습니다. 세례 요한은 예수님께서 백성들의 마음에 구원의 왕으로 들어가실 수 있도록 그들의 마음을 준비시켰습니다.

"요한이 요단강 부근 각처에 와서 죄 사함을 얻게 하는 회개의 세례를 전파하니 선지자 이사야의 책에 쓴바 광야에 외치는 자의 소리가 있어 가로되 너희는 주의 길을 예비하라 그의 첩경을 평탄케 하라 모든 골짜기가 메워지고 모든 산과 작은 산이 낮아지고 굽은 것이 곧아지고 험한 길이 평탄하여질 것이요 모든 육체가 하나님의 구원하심을 보리라 함과 같으니라"(눅 3:3-6).

세례 요한은 낙타 털옷을 입고 허리에는 가죽띠를 띠었습니다. 그의 외양(外樣)은 엘리야와 비슷했습니다(왕하 1:8). 아합 왕 시대에, 엘리야는 바알과 아세라의 선지자 850명과 대결하여 승리함으로써, 우상 숭배에 빠져 있었던 백성들의 마음을 하나님께로 돌이키게 하였습니다. 말라기서에 예언된 하나님의 종, **"오리라 한 엘리야가 곧 이 사람(세례 요한)"**(마 11:14)이라고 예수님께서 증거하셨습니다.

요한은 **"켜서 비취는 등불"**(요 5:35)이었습니다. 그는 어려서부터 나실인(Nazirite)으로 드려졌고, 광야에 거하면서 메뚜기와 석청으로 음식을 삼았습니다. 이스라엘 백성들은 하나님을 경외하여 경건하고 금욕적으로 살던 세례 요한을 바라보면서, 자신들이 얼마나 추악하고 부패한 자들인지를 깨닫고 하나님께로 돌아왔습니다.

그렇게 세례 요한은 진정으로 회개한 자들에게 물로 세례를 주면서, 메시아가 이미 오셨다고 선포했습니다. 요한은 그분이 안수의 형식으로 세례를 받으셔서 세상 죄를 담당하시리라고 외쳤습니다.

"요한이 대답하되 나는 물로 세례를 주거니와 너희 가운데 너희가 알지 못하는 한 사람이 섰으니 곧 내 뒤에 오시는 그이라 나는 그의 신들메 풀기도 감당치 못하겠노라 하더라"(요 1: 26-27).

"내가 전에 말하기를 내 뒤에 오는 사람이 있는데 나보다 앞선 것은 그가 나보다 먼저 계심이라 한 것이 이 사람을 가리킴이라 나도 그를 알지 못하였으나 내가 와서 물로 세례를 주는 것은 그를 이스라엘에게 나타내려 함이라 하니라"(요 1:30-31).

인류의 대표자인 세례 요한

기독교인 중에도 세례 요한과 그의 사역을 가볍게 여기는 분들이 많습니다. "내가 진실로 너희에게 말하노니 여자가 낳은 자 중에 **세례 요한보다 큰이가 일어남이 없도다 그러나 천국에서는 극히 작은 자라도 저보다 크니라**"(마 11:11) 하신 예수님의 말씀을 오해하는 이들이 많습니다. 세례 요한이 제자들을 예수님께로 보내서, "당신이 오시기로 한 메시아입니까"라고 묻게 했다는 이유로, 요한이 옥에 갇혀서 믿음에 실족했다고 그들은 해석합니다. 그런데 절대로 그렇지 않습니다.

세례 요한은 인간의 의로써는 가장 큰 자입니다. 그러나 인간의 의가 아무리 커도, 천국에 들어가려면 하나님의 의를 옷 입어야만 합니다. 천국에 들어가게 하는 하나님의 의에 비하면 인간의 의는 아무것도 아닙니다.

세례 요한의 사역은 크게 두 가지로 요약됩니다.

첫째로 세례 요한은 **"오리라 한 엘리야"**로서, 아합 왕 시대의 선지자인 엘리야와 같은 사역을 감당했습니다. 엘리야는 하나님을 등지고 우상 숭배에 빠졌던 백성들을 하나님께로 돌이키게 했습니다.

세례 요한은 구약의 마지막 선지자인 말라기 선지자 이후, 약 400여 년간의 영적 암흑기의 끝에 혜성같이 등장한 하나님의 종입니다. 그는 나면서부터 나실인으로 드려져서, 광야에 거하면서 구별된 삶을 살며 백성들에게 참된 회개를 촉구했습니다. 당시의 이스라엘 백성들은 세례 요한의 경건한 삶과 책망 앞에서 자신들의 그릇된 모습을 보고 회개했습니다.

세례 요한은 회개한 백성들에게 세례를 주면서 선포했습니다. "그분이 너희와 똑같이 안수의 방법으로 세례를 받을 것이다. 대제사장 아론이 아사셀 염소의 머리에 안수해서 백성들의 일 년 치 죄를 단번에 넘겼던 것처럼, 그때에 너희들의 모든 죄가 그분에게 단번에 다 넘어갈 것이다"라고 의의 도를 전했습니다.

그때에 요한 앞에 예수님께서 세례를 받으러 오셨습니다. "내가 당신에게 세례를 받아야 할 터인데 어찌 내게 오시나이까"라고 머뭇거리던 요한에게 예수님께서는 아주 준엄하게 명령하셨습니다. **"이제 허락하라 우리가 이와 같이 하여 모든 의를 이루는 것이 합당하니라 하신데 이에 요한이 허락하는지라"**(마 3:15).

이 명령에 순종해서 세례 요한은 예수님의 머리에 손을 얹고 주님을 물에 푹 잠갔다가 일으켰습니다. **"이와 같이 하여"** 즉 안수의 방법으로 베푼 세례로 세상의 모든 죄는 단번에 예수님께 넘어갔습니다. 그래서 이 세상에는 모든 의가 합당하게 이루어졌습니다.

세례 요한이 예수님의 머리에 안수(按手)의 형식으로 세례를 베푼 것이 세례 요한의 두 번째 사역입니다. 그리고 이 사역이 세례 요한을 보내신 하나님의 뜻입니다.

대제사장 아론의 후손이고 인류의 대표자인 세례 요한이 예수님의 머리에 손을 얹었기 때문에, 그때에 인류의 모든 죄가 예수님께 온전히 넘어갔습니다. 그리고 예수님께서 물에 푹 잠기신 것은 장차 십자가에 돌아가실 것을 계시하고, 물에서 올라오신 것은 주님께서 부활하실 것을 계시합니다. 이처럼 예수님께서 받으신 세례 안에는 우리의 구원이 완전하게 함축되어 있습니다.

"이튿날 요한이 예수께서 자기에게 나아오심을 보고 가로되 보라 세상 죄를 지고 가는 하나님의 어린 양이로다"(요 1:29). 예수님께서 세례 받으신 이튿날에, 세례 요한은 자기 앞을 지나시던 예수님을 가리키면서, 후에 예수님의 제자가 된 요한과 안드레에게 증거한 말씀입니다.

이는 "어제 저분이 나에게 세례를 받으실 때에, 너희들의 모든 죄가 저분에게 넘어갔다"라는 증거의 말씀입니다. 이렇게 예수님은 받으신 세례로 우리들의 모든 죄를 짊어지고 3년 반 동안 많은 병자들과 불구자들을 고쳐 주시며 당신이 전한 복음이 참되다는 것을 증거하셨습니다.

그 후에 예수님은 유대교의 지도자들에게 잡히시고 로마인들에게 넘겨져서 십자가에 못 박히셨습니다. 주님은 여섯 시간 동안 절규하시면서 피를 흘리셨습니다. 예수님은 그 피로써 세례로 담당한 인류의 모든 죄를 온전히 갚아 주시고, 마지막에 **"다 이루었다"**(요 19:30)라고 크게 외치신 후에 돌아가셨습니다.

예수님께서 **"다 이루었다"**라고 크게 외치신 순간, 성전의 지성소(至聖所) 앞을 가로막고 있던 휘장이 위에서부터 아래까지 큰 폭으로 쫙 찢어져서, 지성소로 들어가는 길이 활짝 열렸습니다. 주님께서 안수의 형식으로 받으신 세례로 당신의 육체에 담당한 세상 죄를 십자가의 피로 완벽하게 대속하셨습니다. 주님께서 세례와 십자가로 나의 모든 죄를 인류의 모든 죄와 더불어 흰 눈같이 깨끗하게 없애 주셨습니다. 이제 이 진리의 복음을 믿는 자는 누구든지 하나님의 보좌 앞에 담대하게 나아갈 수 있게 되었습니다.

"그러므로 형제들아 우리가 예수의 피를 힘입어 성소에 들어갈 담력을 얻었나니 그 길은 우리를 위하여 휘장 가운데로 열어 놓으신 새롭고 산 길이요 휘장은 곧 저의 육체니라"(히 10:19-20).

이 말씀에 **"예수의 피를 힘입어"**라고 기록되었다고, 십자가의 피만으로 된 복음으로 우리가 의인으로 거듭나서 천국의 영생에 들어가는 것은 아닙니다. 십자가의 피는 예수님의 구원 사역의 귀결 부분입니다. 예수님께서 공생애의 시작에 인류의 대표자인 세례 요한에게 안수의 형식으로 세례를 받으셔서 세상 죄를 담당하셨기에, 예수님은 반드시 피 흘려 돌아가셔야 했습니다.

"세례 요한의 때부터 지금까지 천국은 침노를 당하나니 침노하는 자는 빼앗느니라"(마 11:12).

세례 요한이 예수님께 세례를 베풀어서 인류의 죄를 다 넘긴 그때부터 천국은 침노를 당하게 되었습니다. 이제 예수님의 세례와 십자가의 피로 구성된 **"물과 피의 복음"**(요일 5:6)을 믿는 자는 **"폭도들"**(the violent, KJV)처럼 담대하게 천국에 뛰어들어가서 천국을 차지하게 되었습니다.

　이처럼 세례 요한의 사역은 우리의 구원에 있어서 대단히 중요합니다. 세례 요한이 누구이며 무슨 일을 했는지를 잘 알아야, 예수 그리스도를 보내셔서 이루어 주신 "**하나님의 의**"(롬 1:17)를 온전히 이해해서 믿고 거듭날 수 있습니다.

　사도들이 전했던 진리의 복음은 "**성령과 물과 피의 증거가 합하여 하나**"(요일 5:8)인 복음입니다.

　성령님은 예수님이 육신으로 오신 하나님의 아들, 즉 흠 없는 제물이라고 증거합니다. **물**은 예수님께서 요단강 물에서 인류의 대표자인 세례 요한에게 안수의 형식으로 받으신 세례로 "**세상 죄를 지고 가는 하나님의 어린양**"(요 1:29)이 되셨다고 증거합니다. **피**는 예수님께서 십자가에 못 박혀서 흘리신 피로 인류의 모든 죄를 완벽하게 없애 주셨다고 증거합니다.

　이는 구약의 대속죄일에 대제사장 아론이 드렸던 속죄의 제사가 계시한 "**성경대로의 복음**"(고전 15:3)입니다. 구약의 속죄 제사에는 흠 없는 제물이 있어야 했고, 죄인이 반드시 제물의 머리에 안수해서 자기의 죄를 넘겨야 했고, 그 제물은 반드시 피를 흘리고 죽어야 했습니다. 따라서 예수님께서 안수의 형식으로 받으신 세례가 빠진 "**십자가의 피만의 복음**"은 "**성경대로의 복음**"이 아닙니다.

　"**십자가의 피만의 복음**"을 믿어서는 결코 "**죄 사함으로 말미암는 구원**"(눅 1:77)을 받을 수 없습니다. 그래서 오늘날 대부분의 기독교인들이 기독죄인(基督罪人)으로 신앙생활을 하다가 끝내 지옥의 영벌에 들어가는 것입니다.

　이제 기독교인들은 진리의 원형복음(原形福音)으로 돌아와야 합니다. 누구든지 "**물과 피로 임하신**"(요일 5:6) 예수 그리스도를 믿으면, 마음의 모든 죄가 흰 눈같이 씻어져서 하나님의 자녀가 되고 성령을 선물로 받게 됩니다. 우리는 그렇게 부족할지라도 예수님께서 완성해 주신 **"하나님의 의"**(롬 1:17)를 옷 입고 영생의 천국을 누리게 됩니다.

하나님의 말씀이 그러하다면, 자기가 지금까지 믿었던 반쪽짜리의 복음을 과감히 버리고 성경대로의 복음을 믿어야 합니다. 그것이 신사적인 신앙이며 하나님께서 기뻐하시는 믿음입니다.

가장 낮은 곳으로 임하신 하나님의 아들

"이때에 가이사 아구스도가 영을 내려 천하로 다 호적하라 하였으니

이 호적은 구레뇨가 수리아 총독 되었을 때에 첫 번 한 것이라

모든 사람이 호적하러 각각 고향으로 돌아가매

요셉도 다윗의 집 족속인 고로 갈릴리 나사렛 동네에서 유대를 향하여 베들레헴이라 하는 다윗의 동네로

그 정혼한 마리아와 함께 호적하러 올라가니 마리아가 이미 잉태되었더라

거기 있을 그 때에 해산할 날이 차서

맏아들을 낳아 강보로 싸서 구유에 뉘었으니 이는 사관에 있을 곳이 없음이러라"(눅 2:1-7).

하나님의 아들이 육신을 입고 이 땅에 오신 일은 인류 역사에 있어서 가장 중대한 사건입니다. 그래서 대부분의 나라들이 예수님이 이 땅에 오신 시점을 인류 역사의 변곡점으로 잡고, 기원전(BC, Before Christ)과 기원후(AD, Anno Domini, After the Lord)로 표기하는 서력(西曆) 연대(年代)를 사용하고 있습니다.

예수님께서 이 땅에 오셔서 행하신 **"모든 일을 근원부터 자세히 미루어 살핀"**(눅 1:3) 누가는 예수님의 탄생과 사역의 시작에 대해서도 모든 복음서 중에 가장 자세하게 기록했습니다.

예수님은 유대 땅 베들레헴에서 태어나셨습니다. 본래 예수님을

잉태한 마리아와 그의 남편 요셉은 갈릴리 나사렛 사람들이었습니다. 그런데 다윗의 본향인 베들레헴에서 메시아가 태어나리라는 구약의 약속이 이루어지도록, 하나님께서 역사하셨습니다. 예수님은 하나님의 놀라운 섭리로 유대 땅 베들레헴에서 태어나셨습니다.

"이때에 가이사 아구스도가 영을 내려 천하로 다 호적하라 하였으니 이 호적은 구레뇨가 수리아 총독 되었을 때에 첫 번 한 것이라"(눅 2:1-2)

로마 황제인 아구스도(Caesar Augustus)가 로마 전역의 식민지들에 호구 조사령을 내렸습니다. 당시에 로마 제국의 수리아 총독인 구레뇨(Quirinius, the governor of Syria)가 이스라엘을 다스리고 있었습니다. 수리아 총독령에 속해 있던 이스라엘 백성들도 각기 자기의 본적지로 가서 호구 조사를 받아야 했습니다. 요셉은 유다 지파 다윗의 후손이었기에, 다윗의 고향인 베들레헴으로 가야 했습니다.

갈릴리 땅 나사렛에서부터 유대 땅 베들레헴까지는 제법 먼 거리였습니다. 육로로 가면 150Km 정도 되는데, 그것도 산악 지대를 통과해야 했습니다. 마땅한 교통 수단도 없을 때에, 만삭인 아내를 이끌고 베들레헴까지 올라가는 노정(路程)은 매우 힘들었을 것입니다. 그러나 하나님의 말씀은 한 점 한 획도 떨어지지 않고 온전히 이루어졌습니다.

"거기 있을 그 때에 해산할 날이 차서 맏아들을 낳아 강보로 싸서 구유에 뉘었으니 이는 사관에 있을 곳이 없음이러라"(눅 2:6-7).

요셉 부부가 자기 조상 다윗의 고향인 베들레헴에 갔더니, 베들레헴은 외지에서 온 사람들로 북적였습니다. 마리아는 산통이 시작

되었는데, 여인숙에는 머물 방이 없었습니다. 그래서 요셉 부부는 급히 마구간에 들어가서 거기서 예수님을 낳게 되었습니다.

예수님은 우주와 그 안의 모든 것을 지으신 창조주 하나님입니다. 전능하신 하나님께서 가축들의 우리 안에서 태어나시고 짐승들의 먹이통인 구유에 누이셨습니다. 가장 존귀하고 영광스러운 분이 가장 낮은 모습으로 우리에게 오셨습니다. 이는 아무리 비천한 인생이라도 만나 주시려는 하나님의 경륜입니다.

마리아 숭배의 오류

마리아는 그렇게 **"맏아들"** 예수님을 낳았습니다. 마리아가 맏아들을 낳았다는 말씀은 둘째 아들, 셋째 아들 등도 낳았다는 뜻입니다. 예수님을 잉태하셨을 때에는 요셉과 정혼을 하고 아직 동침하기 전이었습니다. **"그러므로 주께서 친히 징조로 너희에게 주실 것이라 보라 처녀가 잉태하여 아들을 낳을 것이요 그 이름을 임마누엘이라 하리라"**(사 7:14)는 말씀대로 처녀 마리아는 성령님의 역사로 성자(聖子) 하나님을 잉태했습니다.

그러나 마리아는 예수님을 낳은 후에 요셉과 정상적인 부부 관계를 통해서 여러 자녀를 낳았습니다. 예수님께서 안식일에 이적을 베풀자, 바리새인들이 시비를 걸며, **"이 사람이 마리아의 아들 목수가 아니냐 야고보와 요셉과 유다와 시몬의 형제가 아니냐 그 누이들이 우리와 함께 여기 있지 아니하냐 하고 예수를 배척한지라"**(막 6:3) 하신 말씀을 통해서 우리는 예수님의 동생들(half-brothers and sisters)이 최소한 6명 이상이었다는 것을 알 수 있습니다.

그러나 가톨릭교회는 마리아를 신격화하는 작업을 오랫동안 해

왔습니다. 마리아 신격화의 4대 교리 중에서 첫 번째가 **마리아 무염시태설**입니다. 무염시태(無染始胎)라는 말은 마리아가 원죄(原罪) 없이 순수한 상태로 자기 어미의 태에 잉태되었다는 뜻입니다. 가톨릭은 "하나님의 아들이신 예수님을 잉태하려면 마리아는 거룩해야 하며 다른 여인들과는 근본적으로 다른 본성을 지닌 분이었다"라고 주장합니다.

둘째로 가톨릭교회는 **마리아 평생 동정설**(平生童貞說)을 주장합니다. 마리아는 하나님의 아들인 예수님을 잉태하고 낳은 후에, 평생 부부 관계를 하지 않고 동정을 지켰다는 주장입니다.

그런데 성경은 마리아가 맏아들 예수님을 낳은 후에 예수님의 동생들을 최소한 6명 이상 낳았다고 기록하고 있습니다. 예수님의 동생들의 이름까지 기록된 복음서의 말씀을 들어서 그들에게 질문하면, 가톨릭교회는 "그들은 예수님의 사촌들이며, 당시에는 사촌들도 형제로 여겼다"라고 억지를 부립니다. 이는 마리아를 신격화하려고 주장하는 억지입니다.

셋째는 **마리아 몽소승천설**(蒙召昇天說)입니다. 마리아는 죽음을 보지 않고 잠자리에서 천국으로 올라갔다는 주장입니다. 그들은 성경 어디에도 마리아가 죽었다는 기록을 찾을 수 없다며, 하나님의 아들인 예수님을 낳은 거룩한 마리아를 아들인 예수님이 어떻게 죽어서 썩게 할 수 있겠냐는 것입니다.

마리아를 신격화하는 네 번째 교리는 **천주**(天主)**의 모후설**(母后說)입니다. 가톨릭교회에서는 하나님을 천주님이라고 부릅니다. 마리아가 천주님인 예수님을 낳았는데, 그러면 마리아는 당연히 "천주의 모후"(母后)라고 칭해야 한다는 주장입니다. 가톨릭의 성화(icon)들에는 아기 예수를 품에 안고 있는 마리아의 모습을 많이 볼 수 있습니다. 예수님은 모후인 마리아의 보호를 받아야 하고, 신도들도 모후인 마리아에게 간구하면 마리아가 아들인 예수님께 전구(轉求) 해서 기도 응답을 쉽게 받는다고 가톨릭교회는 가르칩니다. 이 모든 것들은 성경에 반하는 황당한 주장들입니다.

마리아는 하나님의 말씀에 순종한 믿음의 여인입니다. 그러나 가톨릭은 사단 마귀의 계략에 말려들어서, 마리아를 신격화(神格化) 하려고 온갖 거짓 교리들을 만들어 냈습니다. 하나님의 말씀을 혼잡하게 하는 무리들은 반드시 하나님의 심판을 받을 것입니다.

진리의 복음을 떠나면 하나님 말씀을 혼잡하게 하는 이단으로 전락하게 되어 있습니다. 그런 경향은 개신교에도 나타나고 있습니다. 개신교도 하나님의 복음 진리에서 벗어나면서, 칭의론(稱義論)이나 회개 기도의 교리와 같은 날조된 주장으로 말씀을 혼잡하게 하고 있습니다.

성자(聖子) 하나님이 육신을 입고 이 땅에 오셨습니다. 예수님은 서른 살이 되셨을 때에 요단강으로 나오셔서, 인류의 대표자인 세례 요한에게 안수의 형식으로 세례를 받으셨습니다. "**그 세례**"(행 10:37)는 당신의 육체에 인류의 모든 죄를 단번에 짊어진 사건입니다. 예수님은 받으신 세례로 "**세상 죄를 지고 가는 하나님의 어린양**"(요 1:29)이 되셨고, 십자가에 달리셔서 흘리신 거룩한 피로써 세례로 담당한 인류의 모든 죄를 깨끗이 갚아 주시고 돌아가셨습니다.

이 땅에 육신을 입고 오셔서, 세례를 받으시고, 십자가에 못 박혀서 "**다 이루었다**"(요 19:30) 하시기까지 피를 흘리시고 돌아가셨다가 부활 승천하셔서, 주님은 우리를 모든 죄에서 온전히 구원하셨습니다. "**물과 피로 임하신 자**"(요일 5:6) 예수 그리스도께서는 받으신 세례와 십자가의 피로 **"한 영원한 제사"**(히 10:12)를 드려 주셨습니다.

이제 주님께서 당신의 몸을 제물로 삼아 드려 주신 **"한 영원한 제사"**(히 10:12)를 믿는 사람은 누구든지 값없이 의롭다 하심을 얻고 하나님의 자녀가 됩니다. 죄인이 진리의 원형복음을 믿어서 의인으로 거듭나게 하신 능력의 복음은 너무 단순하고 명료한 진리입니다.

말씀을 혼잡하게 하는 거짓 복음

그런데 예수님께서 받으신 세례를 빼 버리고, 십자가의 피만을 믿는 사람은 자기의 죄가 예수님께로 넘어간 적이 없기에 기독죄인으로 남게 됩니다. 반쪽짜리 복음을 믿는 이들은, 그것이 진리가 아니기 때문에, 말씀을 혼잡하게 합니다.

기독죄인들은 칭의(稱義) 교리니, 성화(聖化) 교리니, 회개 기도의 교리와 같은 여러 가지 교리들로 하나님의 말씀을 혼잡하게 하고 있습니다. 그런 교리들이 왜 나타났습니까? 기독교인들은 예수님을 개인의 구주로 영접했지만, 예수님께서 받으신 세례의 능력을 알지 못해서 마음에 죄가 있기 때문입니다.

기독교인들은 존 번연의 『천로역정』이라는 소설을 기독교 문학의 고전(古典)으로 여깁니다. 그런데 『천로역정』의 주인공 크리스천이 천성을 향해 가던 중 갖은 시련과 시험을 통과하고 구원의 울타리를 지나 십자가의 언덕에 이르렀을 때에, "그가 십자가를 바라보기만 했는데, 등에 짊어졌던 죄짐이 떨어져서 무덤으로 굴러 들어 갔다"라고 기술하고 있습니다. 정말 십자가를 바라보기만 해도 죄짐이 떨어져 나갑니까? 그렇다면 왜 대부분의 기독교인들이 기독죄인(基督罪人)으로 남아 있습니까?

누구든지 자기가 지옥 갈 수밖에 없는 죄인이라는 사실을 인정하고 예수 그리스도께서 받으신 세례와 십자가의 피로 우리를 모든 죄에서 구원하신 진리의 복음을 믿으면 값없이 의롭다 하심을 얻고 영광스러운 하나님의 자녀가 됩니다.

예수님은 지극히 높으신 영광의 하나님이신데 베들레헴의 마구간에서 태어나셨습니다. 예수님께서는 가장 비천한 자의 모습으로 가장 낮은 곳에 임하셔서 모든 인류를 구원하셨습니다. **"물과 피로 임하신 자"**(요일 5:6)인 예수님의 구원의 사역에서 제외된 사람은 하나도 없습니다.

예수님께서 인류의 대표자인 세례 요한에게 안수의 형식으로 세례를 받으셨을 때에, 전 인류의 옛사람이 예수님 안으로 들어가는 놀라운 역사가 일어났습니다. 그래서 예수님께서 십자가에 못 박혀 돌아가실 때에, 우리 모두의 옛사람도 예수님 안에서 함께 죽었습니다.

"무릇 그리스도 예수와 합하여 세례를 받은 우리는 그의 죽으심과 합하여 세례 받은 줄을 알지 못하느뇨 그러므로 우리가 그의 죽으심과 합하여 세례를 받음으로 그와 함께 장사되었나니 이는 아버지의 영광으로 말미암아 그리스도를 죽은 자 가운데서 살리심과 같이 우리로 또한 새 생명 가운데서 행하게 하려 함이니라"(롬 6:3-4).

역사를 주관하시는 하나님께서 예수님이 태어나실 때에 예언의 말씀이 응하게 하려고, 아우구스도 황제와 수리아 총독 구레네를 통해서 호구 조사를 하게 하셨습니다. 그래서 예수님은 구약의 약속대로 다윗의 동네인 베들레헴에서, 그것도 마구간에서 태어나셨습니다.

주님께서 이 땅에 오셔서 당신의 몸을 제물로 삼아 **"한 영원한 제사"**(히 10:12)를 드려 주셨기에, 저와 여러분들은 죄와 상관없이 다시 오실 주님을 바라게 되었습니다. **"물과 피의 복음"**을 믿는 우리는 하나님께서 완성해 주신 안식에 들어가서 죄와 상관없이 다시 오실 주님을 기다리게 되었습니다.

할렐루야!

소자들에게 전해진 "큰 기쁨의 좋은 소식"

"그 지경에 목자들이 밖에서 밤에 자기 양떼를 지키더니
 주의 사자가 곁에 서고 주의 영광이 저희를 두루 비취매 크게 무서워하는지라
 천사가 이르되 무서워 말라 보라 내가 온 백성에게 미칠 큰 기쁨의 좋은 소식을 너희에게 전하노라
 오늘날 다윗의 동네에 너희를 위하여 구주가 나셨으니 곧 그리스도 주시니라
 너희가 가서 강보에 싸여 구유에 누인 아기를 보리니 이것이 너희에게 표적이니라 하더니
 홀연히 허다한 천군이 그 천사와 함께 있어 하나님을 찬송하여 가로되
 지극히 높은 곳에서는 하나님께 영광이요 땅에서는 기뻐하심을 입은 사람들 중에 평화로다 하니라
 천사들이 떠나 하늘로 올라가니 목자가 서로 말하되 이제 베들레헴까지 가서 주께서 우리에게 알리신바 이 이루어진 일을 보자 하고
 빨리 가서 마리아와 요셉과 구유에 누인 아기를 찾아서 보고 천사가 자기들에게 이 아기에 대하여 말한 것을 고하니
 듣는 자가 다 목자의 말하는 일을 기이히 여기되
 마리아는 이 모든 말을 마음에 지키어 생각하니라"(눅 2:8-19).

누가복음은 소자(小子)들의 복음입니다. 오늘의 본문에도 예수님의 탄생이라는 **"큰 기쁨의 좋은 소식"**(눅 2:10)을 듣고 전한 이들은 들판의 외진 곳에서 밤을 지내며 양떼를 지키던 비천한 신분의 목자들이었습니다.

인류를 향한 큰 기쁨의 좋은 소식

인류 역사에 있어서, 하나님의 아들이 육신을 입고 예수라는 이름으로 이 땅에 오신 사건보다 더 크고 기쁜 일은 없습니다. 예수님께서 태어나신 사건이 인류 역사의 분수령입니다. 그래서 대부분의 나라들은 예수님께서 태어나신 해를 기준으로 해서, 그 이전은 B.C.(기원전, before Christ)로, 그 이후는 A.D.(기원후, Anno Domini, year of our Lord)로 연대(年代)를 표기합니다.

우리 개개인의 인생사에 있어서도 예수 그리스도께서 우리의 마음에 들어오신 사건이 우리 인생의 분기점입니다. **"물과 피로 임하신 자"**(요일 5:6)인 예수 그리스도를 믿어서 예수님을 자기의 마음에 구원자로 모시기 이전에는, 우리는 죄와 사망의 종살이를 했었습니다. 그러나 진리의 복음으로 예수님을 믿어서 거듭난 후에는, 우리 인생에 영생의 소망이 생겼고 빛의 자녀로 살게 되었습니다.

성자 예수님은 흠 없는 세물로 이 땅에 오셔서 우리 인류의 모든 죄를 깨끗하게 없애 주셨습니다. 대속죄일(大贖罪日)에 대제사장 아론이 마지막 숫염소의 머리에 안수하여 이스라엘 백성의 일 년 치 죄를 단번에 넘겼듯이, 예수님은 아론의 후손이자 인류의 대표자인 세례 요한에게 안수의 형식으로 세례를 받으셔서 세상 죄를 단번에 담당하셨습니다.

받으신 세례로 **"세상 죄를 지고 가는 하나님의 어린양"**(요 1:29)이 되신 예수님은 십자가에 못 박혀서 **"다 이루었다"**(요 19:30)라고 외치시고 돌아가시기까지 대속의 피를 흘려 주셔서 우리의 모든 죄를 흰 눈처럼 씻어 주셨습니다. 그렇게 물(세례)과 피(십자가)로 임하신 예수 그리스도를 믿는 자가 **"영접하는 자 곧 그 이름을 믿는 자"**(요 1:12)입니다.

예수님을 개인의 구주로 영접하는 기도를 드렸다고 죄 사함을 받고 하나님의 자녀가 되는 것은 아닙니다. 자기가 얼마나 비참한 존재인지를 깨닫고 시인하는 소자(小子)들의 마음에 예수님께서는 진리의 복음으로 잉태되어 구원의 주님으로 태어나십니다.

예수님께서는 참으로 기이한 모습으로 이 땅에 오셨습니다. 예수님께서는 마구간에서 태어나셨고 강보에 싸여서 구유에 누이셨습니다. 인류 중에서 그렇게 태어난 사람은 아무도 없을 것입니다. 피조물인 우리는 감히 그분의 이름조차 부를 수 없는 지극히 높으신 창조주 하나님께서 인간의 육신을 입고 가장 낮은 자의 모습으로 오셨습니다.

소자들에게 임한 큰 기쁨의 좋은 소식

그리고 구원자가 오셨다는 **"큰 기쁨의 좋은 소식"**을 듣고 전한 자들은 빈 들에서 밤을 지새던 목자들이었습니다. 이 땅에서 모진 고난을 당한 자들이, 세상에서 궁핍과 슬픔을 겪는 사람들이 주님을 만납니다.

부자와 나사로의 말씀은 누가복음에만 기록되어 있습니다. 부자는 이 땅에서 아무 근심 걱정이 없었고 인생의 쾌락을 다 누렸습니다. 반대로 거지 나사로는 온몸에 헌데가 나서 개들이 그의 헌데를 핥아먹었습니다. 나사로의 삶은 고통스러웠습니다. 그런데 부자도 죽고 나사로도 죽어서 영원한 세계에 들어갔을 때에는, 둘의 처지가 역전되었습니다. 부자는 지옥에 떨어져서 고통을 받고 있었고, 나사로는 아브라함 품에 안겨서 천국의 복락을 누리고 있었습니다.

자기가 얼마나 부족하고 악하며 이 땅에서는 아무 소망이 없는지를 인정하는 소자(小子)라야 천국의 영생에 들어갑니다. 그런 소자가 **"심령이 가난한 자"**(마 5:3)입니다. 심령이 가난한 소자들이라야 하나님의 나라와 하나님의 은혜를 간절히 사모해서 죄 사함을 받고 천국의 영생을 누리게 됩니다. 이 진리를 설파하는 복음이 꼴찌들의 복음인 누가복음입니다.

예수님께서 이 땅에 오셨을 때에 빈 들에서 밤을 지새우던 양을 치던 이들이 바로 소자들입니다. 이들은 사람들에게서 천대를 받고 따뜻한 밥 한 끼도 제대로 먹지 못하며 고난 중에 세상을 사는 자들이었습니다. 그들은 빈 들에서 밤을 지새며 깜깜한 하늘에 빛나는 별들을 바라보며 영생을 사모하고 또 하나님의 은혜를 간절히 구했던 자들입니다. 그들은 이 땅에서의 고난의 날들이 끝나면 하나님께서 약속하신 천국의 안식에 들어가기를 간절히 사모했던 자들입니다. 그런 자들에게 먼저 **"큰 기쁨의 좋은 소식"**이 전파되었습니다.

이 땅에서 모든 것을 풍족하게 누리는 사람들은 **"큰 기쁨의 좋은 소식"**을 기다리지도, 기뻐하지도 않습니다. 부자들은 이 땅에서의 삶에 만족하고 아쉬울 것이 없기에, 영생의 천국을 사모하지 않습니다. 빈 들에서 추운 밤을 지새워야 했던 양치기들같이, 이 땅에는 아무 소망도 둘 수 없어서 하나님의 나라만 바라는 자들이

"큰 기쁨의 좋은 소식"을 먼저 듣고 복음의 증거자들이 됩니다.

"내 형제들아 너희가 여러가지 시험을 만나거든 온전히 기쁘게 여기라 이는 너희 믿음의 시련이 인내를 만들어 내는 줄 너희가 앎이라"(약 1:2-3).

믿음의 눈으로 보면, 우리가 이 땅에서 여러 가지 고난을 받는 것이 유익합니다. 여러 가지 시험, 고난, 역경, 궁핍함을 겪으면서 우리는 이 땅에 소망을 두지 않고 하늘에만 소망을 두게 됩니다. 그래서 우리는 하나님의 나라가 임하기를 간절히 바라게 됩니다. 빈 들에서 추위에 떨면서 아침이 오기를 간절히 기다렸던 양치기들처럼, 이 땅의 삶이 괴롭고 힘들수록 하나님의 나라를 더욱 사모하게 됩니다.

빈 들에서 밤을 지새우던 양치기 목자들에게 제일 먼저 **"큰 기쁨의 좋은 소식"**이 전해졌습니다. 자기가 부족하고 연약한 존재인 줄 아는 소자(小子)들이라야 주님께서 이 땅에 오신 소식이 **"큰 기쁨의 좋은 소식"**이 됩니다.

베들레헴 성중에서 사람들과 어울리며 세상의 즐거움에 몰두한 자들에게는 **"큰 기쁨의 좋은 소식"**이 전해지지 않았습니다. 여러분은 빈 들에서 밤을 지새우던 목자들에게, 괴롬 많은 세상에 거하는 자들에게 **"큰 기쁨의 좋은 소식"**이 전해졌다는 사실을 기억하길 바랍니다. 그래서 육체의 남은 때에 하늘에 소망을 둔 자들로 하나님의 뜻을 좇아 살기를 바랍니다.

여러분은 예수님과 동행하십니까?

"그 부모가 해마다 유월절을 당하면 예루살렘으로 가더니
예수께서 열두 살 될 때에 저희가 이 절기의 전례를 좇아 올라갔다가
그 날들을 마치고 돌아갈 때에 아이 예수는 예루살렘에 머무셨더라 그 부모는 이를 알지 못하고
동행 중에 있는 줄로 생각하고 하룻길을 간 후 친족과 아는 자 중에서 찾되
만나지 못하매 찾으면서 예루살렘에 돌아갔더니
사흘 후에 성전에서 만난즉 그가 선생들 중에 앉으사 저희에게 듣기도 하시며 묻기도 하시니
듣는 자가 다 그 지혜와 대답을 기이히 여기더라
그 부모가 보고 놀라며 그 모친은 가로되 아이야 어찌하여 우리에게 이렇게 하였느냐 보라 네 아버지와 내가 근심하여 너를 찾았노라
예수께서 가라사대 어찌하여 나를 찾으셨나이까 내가 내 아버지 집에 있어야 될 줄을 알지 못하셨나이까 하시니
양친이 그 하신 말씀을 깨닫지 못하더라
예수께서 한가지로 내려가사 나사렛에 이르러 순종하여 받으시더라 그 모친은 이 모든 말을 마음에 두니라
예수는 그 지혜와 그 키가 자라가며 하나님과 사람에게 더 사랑스러워 가시더라"(눅 2:41-52).

사람은 과거를 통해서 교훈을 얻고, 미래를 바라보면서 소망을 갖는 피조물입니다. 하나님께서는 모든 피조물 가운데 사람만 하나님의 형상으로 만드셨기 때문에, 사람은 시간이라는 축 위에서 자기의 지난 날들을 돌아보기도 하고 또 미래를 예측하는 존재입니다.

특별히 한 해를 마감하는 연말이 되면, 우리는 지난 한 해를 뒤돌아봅니다. 올해 한 해를 마감하면서, 우리는 올해 한 해 동안 예수님과 동행했는지 자문하는 기회가 되기를 바랍니다.

예수님께서 열두 살쯤 되시던 때에, 매년 그랬듯이 예수님의 양아버지인 요셉과 어머니 마리아와 가족들이 절기에 예배를 드리러 예루살렘에 올라갔습니다. 예수님의 가족들은 예루살렘에서 절기를 마친 후에 고향을 향해서 하룻길을 내려갔습니다. 예수님의 부모는 예수님이 친족들 사이에 끼어 있거니 하고 생각했었는데, 예수님을 아무리 찾아도 없었습니다. 가족들이 몹시 당황해서 이리저리 찾아보았지만 찾지 못했습니다.

그래서 예수님의 부모는 예수님의 동생들을 친척들에게 부탁하고, 길을 거슬러 예루살렘을 향해서 올라갔습니다. 이 사건을 통해서 우리는 올해 한 해를 마감하면서, "과연 내가 예수님과 동행을 했는가? 예수님을 우리 마음에서 잃어버리고 나 홀로 세상 길을 걸어온 것은 아닌가?" 하고 자문하며 한 해 길을 뒤돌아보아야 합니다.

여러분은 주님을 잃어버린 적이 없습니까?

"내가 밤에 침상에서 마음에 사랑하는 자를 찾았구나

찾아도 발견치 못하였구나
이에 내가 일어나서 성중으로 돌아다니며
마음에 사랑하는 자를
거리에서나 큰 길에서나 찾으리라 하고 찾으나
만나지 못하였구나"(아 3:1-2).

술람미 여인이 자기의 사랑하는 자, 솔로몬 왕을 잃어버리고 간절히 찾아 나섰습니다. 예수님을 잃어버렸다는 것은 다른 것에 관심을 쏟으며 예수님과 상관없이 살았다는 뜻입니다.

거듭난 우리는 주님의 신부(新婦)입니다. 주님은 우리의 모든 죄를 진리의 복음으로 깨끗하게 씻어서 의인으로 거듭나게 하신 후에 당신의 신부로 삼았습니다. 우리는 다리 밑에서 살고 있는 여자 거지같이 더럽기가 한량없고 죄악으로 뒤덮인 자였는데, 주님께서 우리를 사랑하셔서 우리를 데려다가 깨끗이 씻기고 하얀 드레스를 입혀서 당신의 신부로 삼아 주셨습니다. 우리는 주님의 은혜 앞에서 아무 할 말이 없습니다.

현숙한 부인은 자기의 욕망대로 행하지 않습니다. 우리가 주님의 현숙한 신부라면, 남편이신 그리스도께서 기뻐하시는 일을 행합니다. **"주께 기쁘시게 할 것이 무엇인가 시험하여 보라"(엡 5:10)**고 말씀하십니다. 주님은 당신과 동행하는 자를 기뻐하십니다.

그런데 아하수에로 왕과는 따로 진치를 벌였던 와스디 왕비처럼, 내가 예수님께서 기뻐하시는 일에 마음을 두지 않고 나의 잔치를 따로 벌이며 살았다면, 나는 주님을 잃어버릴 수밖에 없는 자입니다. 그러다가는 와스디 왕비가 왕비의 영화로운 신분을 잃었듯이, 주님의 신부라는 존귀한 신분을 잃어버립니다.

믿음의 장성한 자는 주님과 동행하면서 늘 주님의 기뻐하시는 뜻을 좇습니다. 주님과 동행하는 자는 기쁨과 평강이 넘치고 어떤 어려움도 능히 뛰어넘습니다. 그러나 우리가 주님께서 기뻐하시는 일들을 마음의 중심에 두지 않고 내가 좋아하는 일들을 즐기며 좇아간다면, 우리는 예수님을 잃어버리게 됩니다. 그런 삶은 하나님 앞에서 믿음의 진보도 없고 은혜와 기쁨도 없습니다.

만일 우리가 주님을 잃어버렸다면, 어떻게 해야 하겠습니까? 다시 주님을 찾아서 이제부터는 주님을 잃어버리지 않도록 우리의 눈을 주님께로부터 떼지 말아야 합니다.

하나님의 성전에서 만난 예수님

마리아와 요셉은 길을 거슬러서 올라갔습니다. 그리고는 예수님을 찾아 헤매다가 성전에서 주님을 만났습니다. 마리아와 요셉이 성전에서 예수님을 다시 만났듯이, 예수님을 잃어버린 사람은 하나님의 집에서 예수님을 다시 만날 수 있습니다. 죄 사함을 받은 여러분의 마음이 하나님의 성전입니다. 그래서 예수님을 잃어버린 자는 자기의 영혼이 얼마나 비참하고 위태롭고 메마른지를 깨닫고 간절하게 주님을 찾아야 합니다. 그러면 주님께서는 여러분의 마음에 찾아오셔서 다시 만나 주십니다.

"너희가 믿음에 있는가 너희 자신을 시험하고 너희 자신을 확증하라 예수 그리스도께서 너희 안에 계신 줄을 너희가 스스로 알지 못하느냐 그렇지 않으면 너희가 버리운 자니라"(고후 13:5).

거듭난 자의 마음에는 그리스도께서 왕으로 계십니다. 예수 그리스도께서 여러분 마음에 계시지 않다면 여러분은 버려진 자입니다. 예수님께서 성령으로 우리 마음에 계셔서 우리의 삶을 다스리시고 인도하시고 또 보호하십니다. 마음에 그리스도께서 신랑으로 살아 계시면, 선하신 그분이 우리를 인도하시고 깨닫게 하시고 보호하시고 축복하십니다. 그래서 믿음의 사람은 예수 그리스도께서 기뻐하시는 삶에 자원(自願) 해서 자기를 드립니다.

남편이 원양 어선을 타든지 혹은 먼 나라의 건설 노동자로 가서 일 년에 한 번씩 집에 오는 경우에, 그런 이들의 부인들 중에 탈선하는 이들이 더러 있습니다. 남편이 없는 동안에 자기 마음대로 인생을 즐기다가 남편이 들어온다는 연락을 받고서야 주변을 정리하고 조신하게 살림을 하는 척합니다. 남편이 들어와서 돈을 많이 주고 다시 나가면, 그때부터 또 자기 욕망대로 일탈의 생활을 하게 됩니다.

여러분도 예배 시간만 제외하고는 자기 마음대로 살아왔다면, 여러분은 신랑 되신 주님을 눈곱만큼도 두려워하지 않는 자이며, 더 직설적으로 말하자면, 주님은 여러분의 남편이 아닙니다. 그리스도께서 여러분의 마음에 거하시지 않는다면, 여러분은 주님에게서 버려진 자입니다. **"예수 그리스도께서 너희 안에 계신 줄을 너희가 스스로 알지 못하느냐 그렇지 않으면 너희가 버리운 자니라"**(고후 13:5)는 말씀은 아주 무서운 말씀입니다.

지금까지는 어떻게 행했든지 문제가 안됩니다. **"그런즉 누구든지 그리스도 안에 있으면 새로운 피조물이라 이전 것은 지나갔으니 보라 새것이 되었도다"**(고후 5:17). 다시 구원의 복음을 확인하고 주님을 내 마음의 중심에, 신랑의 자리에 모시고 주님의 사랑을 입으면서 그분의 기뻐하시는 일에 자기를 드리면 됩니다.

예수님과 동행하려면 하나님의 일에 관여해야

　마리아와 요셉은 성전에서 율법의 선생들과 함께 변론하던 예수님을 만났습니다. 예수님의 말씀을 듣던 자들은 모두 주님의 지혜로운 말씀에 경탄하며 그를 기이하게 여겼습니다. 예수님을 다시 만난 마리아는 "아이야 어찌하여 우리에게 이렇게 하였느냐 보라 네 아버지와 내가 근심하여 너를 찾았노라" 하고 안도했습니다.
　예수님께서 "어찌하여 나를 찾으셨나이까 내가 내 아버지 집에 있어야 될 줄을 알지 못하셨나이까"(눅 2:49) 하고 대답하셨습니다. 이 부분이 흠정역(欽定譯) 성경에는 "어찌하여 나를 찾으셨나이까 내가 내 아버지의 일에 관여해야 하는 줄을 알지 못하셨나이까?" (Why did you seek Me? Did you not know that I must be about My Father's business?)라고 번역되어 있습니다. 우리도 하나님 아버지의 일에 마음을 두고 집중하면 늘 주님과 동행하게 됩니다.
　하나님의 교회는 하나님의 기뻐하시는 일에 몰두합니다. 따라서 성도들이 교회와 마음을 연합해서 교회가 전개하는 하나님의 일에 믿음으로 기도하고 힘을 합하면, 주님을 잃어버리지 아니하고 주님과 동행하게 됩니다.
　예수님을 아직 신랑으로 만나지 못한 기독죄인(基督罪人)들은 어떻게 하면 예수님의 신부가 될 수 있습니까? 하나님의 교회를 통해서 진리의 복음을 듣고 믿으면, 의인으로 거듭나서 거룩한 마음의 중심에 예수님을 신랑으로 모시고 주님과 동행할 수 있습니다.
　또 만일 이미 거듭나서 예수님의 신부가 된 성도 여러분들이 잠시 예수님을 잃어버렸다면, 정신을 가다듬고 마음의 성전에서 주님을 다시 만나기를 바랍니다. 그리고 주님께서 기뻐하시는 일에 자신을 드리시기를 바랍니다.

    성도 여러분의 마음에 예수님을 사랑하는 신랑으로, 영광의 왕으로 모시고 동행하는 복된 나날이 계속되기를 바랍니다.

예수님께서 받으신 세례의 중요성

"백성들이 바라고 기다리므로 모든 사람들이 요한을 혹 그리스도신가 심중에 의논하니

요한이 모든 사람에게 대답하여 가로되 나는 물로 너희에게 세례를 주거니와 나보다 능력이 많으신 이가 오시나니 나는 그 신들메를 풀기도 감당치 못하겠노라 그는 성령과 불로 너희에게 세례를 주실 것이요

손에 키를 들고 자기의 타작마당을 정하게 하사 알곡은 모아 곡간에 들이고 쭉정이는 꺼지지 않는 불에 태우시리라

또 기타 여러가지로 권하여 백성에게 좋은 소식을 전하였으나

분봉왕 헤롯은 그 동생의 아내 헤로디아의 일과 또 그의 행한 모든 악한 일을 인하여 요한에게 책망을 받고

이 위에 한 가지 악을 더하여 요한을 옥에 가두니라

백성이 다 세례를 받을째 예수도 세례를 받으시고 기도하실 때에 하늘이 열리며

성령이 형체로 비둘기 같이 그의 위에 강림하시더니 하늘로서 소리가 나기를 너는 내 사랑하는 아들이라 내가 너를 기뻐하노라 하시니라"(눅 3:15-22).

세례 요한은 대제사장 아론의 직계 후손입니다. 그는 아론의 손자인 아비야 반열(班列)의 제사장 사가랴가 늙어서 얻은 아들입니다. 세례 요한의 어머니 엘리사벳도 아론의 후손입니다. 대제사장은 매년 대속죄일(大贖罪日)에 희생의 숫염소 머리에 안수하여 이스라엘 백성 전체의 일 년 치 죄를 그 염소에게 넘겼습니다. 대제

사장의 안수로 백성들의 일 년 치 죄를 담당한 숫염소는 광야에 버려져서 죽었습니다.

예수님께서는 세례 요한을 가리켜, "**내가 진실로 너희에게 말하노니 여자가 낳은 자 중에 세례 요한보다 큰이가 일어남이 없도다**"(마 11:11)라고 증거하셨습니다. 이 말씀은 세례 요한이 인류의 대표자라는 뜻입니다. 안수(按手)는 죄를 제물에게 넘기는 공의(公義)한 법입니다. 인류의 대표자인 세례 요한이 예수님의 머리에 안수의 형식으로 세례를 베풀었습니다. "**그 세례**"(행 10:37)로 세상의 모든 죄가 예수님께로 넘어갔습니다.

세례 요한은 나면서부터 하나님께 드려지도록 성별 된 나실인(Nazirite)이었습니다. 그는 머리에 삭도를 대지 아니하였고 소주와 독주를 입에 대지 아니하였고, 광야에 거하면서 메뚜기와 석청을 먹으며 살았습니다. 예수님께서 "**요한은 켜서 비취는 등불이라 너희가 일시 그 빛에 즐거이 있기를 원하였거니와**"(요 5:35)라고 말씀하신 바, 그는 하나님 앞에서 경건한 삶을 살았고, 백성들은 그를 좇았습니다.

회개한 백성들에게 회개의 표로 베푼 세례

이스라엘 백성들은 경선한 요한의 삶에 자기를 비춰 보고, 또 요한이 선포한 하나님 말씀에 양심이 찔려서, 요한에게 나와서 자기의 죄악을 고백하고 하나님의 은혜를 구했습니다. 그렇게 진정으로 뉘우치고 하나님의 긍휼을 구하던 백성들에게 요한은 물로 세례를 베풀었습니다.

세례 요한은 그들에게 회개의 표로 물에서 세례를 베풀면서,

"나는 너희에게 물로 세례를 주지만 내 뒤에 오시는 분은 성령과 불로 세례를 베풀 것이다" 하고 선포했습니다. 그분이 "성령과 불로 세례를 베푼다"라는 뜻은, "오실 메시아는 당신을 믿는 자들은 죄 사함과 성령을 선물로 받게 하시지만, 믿지 않는 자들은 심판의 불로 징벌하신다"라는 뜻입니다.

또 요한은 진정으로 회개한 백성들에게 오실 메시아를 소개했습니다. 세례 요한은 "너희 가운데 이미 한 분이 와 계시다. 아직은 나도 그분이 누구인지 모른다. 그러나 나를 보내서 물로 세례를 베풀라 하신 하나님께서 내가 너희들이 받는 세례와 똑같이 안수의 방식으로 누구에게 세례를 베풀 때에, 성령이 비둘기같이 그 위에 임하는 것을 보거든 그가 메시아인 줄 알라고 하셨다"라고 선포하면서 백성들에게 세례를 베풀었습니다.

예수님께서 받으신 세례

요한이 회개한 이들에게 "의의 도"(복음, 마 21:32)를 전하면서 요단강에서 세례를 베풀고 있을 때에, 예수님께서 세례를 받으러 세례 요한에게 나오셨습니다.

"이 때에 예수께서 갈릴리로서 요단강에 이르러 요한에게 세례를 받으려 하신대 요한이 말려 가로되 내가 당신에게 세례를 받아야 할 터인데 당신이 내게로 오시나이까 예수께서 대답하여 가라사대 이제 허락하라 우리가 이와 같이 하여 모든 의를 이루는 것이 합당하니라 하신대 이에 요한이 허락하는지라
예수께서 세례를 받으시고 곧 물에서 올라 오실째 하늘이 열리고 하나님의 성령이 비둘기 같이 내려 자기 위에 임하심을 보시더

니 하늘로서 소리가 있어 말씀하시되 이는 내 사랑하는 아들이요 내 기뻐하는 자라 하시니라"(마 3:13-17).

예수님이 세례 요한에게 받으신 세례는 우리의 구원에 있어서 결정적으로 중요한 사역입니다. 그 세례가 중요해서, 예수님의 탄생에 관한 말씀은 마태복음과 누가복음에만 기록되어 있지만, 예수님께서 세례 요한에게 받으신 세례에 관해서는 4 복음서에 모두 기록되어 있습니다.

복음서	예수님의 탄생	예수님께서 받으신 세례
마태 복음	마 1~2장	마 3:13-17
마가 복음	X	막 1:9-11
누가 복음	눅 2장	눅 3:21-22
요한 복음	X	요 1:26-34

그런데 대부분의 기독교인들은 예수님께서 세례 요한에게 받으신 세례를 그리 중요하게 여기지 않습니다. 그들은 "예수님께서 안수의 형식으로 받으신 세례는 예수님의 메시아 선포식이다"라는 정도로 가볍게 여깁니다. 또 어떤 이들은 "예수님의 세례는 우리에게 겸손의 표양을 보이시고 우리에게 본을 삼게 하신 것이다"라고 주장합니다.

그러나 예수님이 여자의 몸에서 난 자 중에 가장 큰 자인 세례 요한에게 안수의 형식으로 받으신 세례는 전 인류의 죄를 예수님께 단번에 넘긴 능력의 사역입니다.

구약 성경에 무수히 기록된 번제나 속죄 제사의 결정판은 대속죄일(大贖罪日)의 제사입니다. 해마다 제7월 제10일에 대제사장은 성막 안에서 여러 희생의 제사를 드린 후, 흠 없는 숫염소를 끌고 성막 뜰 문밖에서 기다리고 있던 백성들 앞에 나왔습니다. 대제사장은 모든 백성들이 응시하고 있는 가운데, 희생 염소의 머리에 안수한 채로 이스라엘 백성의 일 년 치 죄를 고했습니다. 그러면 백성들의 일 년 치 죄가 염소의 머리로 넘어갔습니다. 그 희생의 염소는 백성들의 일 년 치 죄를 짊어지고 광야의 무인지경에 버려져서 죽었습니다. 백성들의 일 년 치 죄가 그렇게 사함을 받았습니다.

"그 지성소와 회막과 단을 위하여 속죄하기를 마친 후에 산 염소를 드리되 아론은 두 손으로 산 염소의 머리에 안수하여 이스라엘 자손의 모든 불의와 그 범한 모든 죄를 고하고 그 죄를 염소의 머리에 두어 미리 정한 사람에게 맡겨 광야로 보낼찌니 염소가 그들의 모든 불의를 지고 무인지경에 이르거든 그는 그 염소를 광야에 놓을찌니라"(레 16:20-22).

대속죄일의 제사는 "장차 오는 좋은 일의 그림자"(히 10:1)였습니다. 예수님은 대속죄일의 제사가 계시한 대로 흠 없는 속죄 제물, 즉 하나님의 어린양으로 이 땅에 오셨습니다. 그리고 대제사장 아론의 후손이며, 여자가 낳은 자 중에 가장 큰 자인 세례 요한에게 안수의 형식으로 세례를 받으셨습니다.

그 세례가 세상의 모든 죄를 어린양으로 오신 예수님께 넘긴 안수(按手)의 세례입니다. 예수님께서 **"이제 허락하라 우리가 이와 같이 하여 모든 의를 이루는 것이 합당하니라"**(마 3:15) 하고 요한에게 명령하셔서 받으신 **"그 세례"**로 우리 인류에게 모든 의가 이루어졌습니다. 예수님은 세례를 받으신 이튿날에 **"보라 세상 죄를 지고 가는 하나님의 어린양이로다"**(요 1:29)라는 증거를 받으셨습니다.

받으신 세례로 인류의 모든 죄와 허물을 짊어지신 예수님은 십자가로 가셨습니다. 그리고 십자가에 못 박혀서 흘리신 보혈로 인류의 모든 죄를 깨끗이 대속(代贖) 하셨습니다. 예수님께서는 **"다 이루었다"**(요 19:30)라고 크게 외치시고 돌아가셨습니다. 그 순간에 성전의 지성소 앞에 드리워졌던 휘장이 위에서 아래까지 큰 폭으로 찢어졌습니다. 이제 누구든지 **"물(세례)과 피(십자가)로 임하신"**(요일 5:6) 예수님의 **"한 영원한 제사"**(히 10:12)를 믿는 자는 모든 죄를 사함 받고 하나님의 보좌 앞에 담대히 나아갈 수 있게 되었습니다.

하나님께서 행하신 일은 완전합니다. 예수님은 인류의 대표자에게 안수의 방식으로 받으신 세례와 십자가에서 흘리신 피로 우리를 완벽하게 구원하셨습니다. 우리는 부족할지라도, 주님은 전능하시고 완전합니다. 그래서 누구든지 예수 그리스도께서 하나님의 아들이신 것과 세례로 인류의 모든 죄를 담당하신 것과 십자가에서 흘리신 피로 그 모든 죄를 대속(代贖) 하신 것을 믿으면, 값없이 의롭다 하심을 얻고 하나님의 자녀가 됩니다.

복음의 원형

이것이 바로 진리의 원형복음(原形福音)입니다. 사도들은 예수님께서 **"두루마리(구) 책에 나(예수님)를 가리켜 기록한 것과 같이"**(히 10:7) 세례(안수)와 십자가(피)로 우리 인류를 죄에서 온전히 구원하셨다는 복음을 전했습니다. 사도 바울은 원형의 복음을 **"성경대로의 복음"**(고전 15:3)이라고 불렀고, 사도 요한은 예수님을 가리켜서, **"이는 물과 피로 임하신 자니 곧 예수 그리스도시라"**(요일 5:6)고 선포했습니다. 이 모든 말씀들은 **"진리의 복음은**

물과 피의 복음"이라고 선포합니다.

    물은 예수님께서 요단강 물에서 안수의 형식으로 받으신 세례입니다. 그때에 받으신 안수로 예수님은 세상 죄를 온전히 짊어지셨습니다. 그리고 예수님께서 물에 푹 잠기신 것은 장차 십자가에서 돌아가실 것을, 물에서 올라오신 것은 죽음에서 부활하실 것을 계시합니다. 예수님께서 받으신 세례 안에는 우리를 위한 주님의 구원 사역이 다 함축되어 있습니다.

THE NEW COVENANT

    따라서 예수님께서 받으신 세례의 능력을 믿는 자는 결코 정죄함이 없습니다. 하나님께서 우리에게 주신 원형의 복음은 **"물과 피의 복음"**입니다. 더 정확하게 말하자면, 물과 피와 성령의 증거를 다 가지고 있는 복음이 진리의 원형복음(原形福音)입니다.

"**예수께서 하나님의 아들이심을 믿는 자가 아니면 세상을 이기는 자가 누구뇨 이는 물과 피로 임하신 자니 곧 예수 그리스도시라 물로만 아니요 물과 피로 임하셨고 증거하는 이는 성령이시니 성령은 진리니라 증거하는 이가 셋이니 성령과 물과 피라 또한 이 셋이 합하여 하나이니라**"(요일 5:5-8).

성령님께서는, "예수님은 하나님의 아들이다. 그는 육신을 입고 오신 하나님의 어린양이므로 흠 없는 합격 제물이다"라고 증거하십니다.

물은 "예수님께서 요단강 물에서 안수의 형식으로 받으신 세례가 아담에서부터 세상 종말까지의 모든 인류의 죄를 예수님께로 전가(轉嫁, 옮겨 심음) 한 능력의 사역이다"라고 증거합니다.

피는 "십자가에서 흘리신 예수님의 보혈이 예수님께서 받으신 세례로 담당하신 모든 죄를 깨끗이 대속했다"라고 증거합니다.

성령의 증거, 물의 증거, 피의 증거가 다 포함된 복음이 원형의 복음입니다.

그런데 사단 마귀는 원형의 복음에서 중대한 구성 요소인 물의 증거, 즉 예수님께서 받으신 세례의 능력을 빼 버린 반쪽짜리 복음을 온 세상에 뿌렸습니다. 그 결과 십자가의 피만의 복음이 온 세상을 덮게 되었고, 그 반쪽싸리 복음을 믿는 자들은 기독죄인(基督罪人)으로 남게 되었습니다. "**죄의 삯은 사망**"(롬 6:23)입니다. 예수님을 믿어도 죄가 있으면 지옥의 형벌을 피할 수 없습니다.

진리의 복음을 믿어서 거듭난 의인들에게는 결코 정죄함이 없습니다. 사도들은 모두 원형의 복음을 믿었고 전파했습니다. 사도 바울도 자주 예수님의 세례를 언급했습니다: "**누구든지 그리스도와**

합하여 세례 받은 자는 그리스도로 옷 입었느니라"(갈 3:27); "무릇 그리스도 예수와 합하여 세례를 받은 우리는 그의 죽으심과 합하여 세례 받은 줄을 알지 못하느뇨"(롬 6:3).

사도 베드로는 "물은 예수 그리스도의 부활하심으로 말미암아 이제 너희를 구원하는 표니 곧 세례라 육체의 더러운 것을 제하여 버림이 아니요 오직 선한 양심이 하나님을 향하여 찾아가는 것이라"(벧전 3:21)고 증거했습니다.

예수님께서 받으신 세례의 능력이 "**우리의 구원의 표**"(an antitype which now saves us, NKJV)입니다. 예수님께서 인류의 대표자인 세례 요한에게 안수의 형식으로 받으신 세례는 우리의 구원에 있어서 결코 없어서는 안 될 진리의 한 축(軸)입니다. 물론 우리의 구원을 이루고 있는 또 다른 축(軸)은 십자가의 보혈입니다.

여러분 모두가 예수님께서 받으신 세례의 중요성과 의미를 온전히 깨닫고 믿기를 바랍니다.

그리스도 안에서
이기게 하시는 하나님

"예수께서 성령의 충만함을 입어 요단강에서 돌아오사 광야에서 사십일 동안 성령에게 이끌리시며

마귀에게 시험을 받으시더라 이 모든 날에 아무 것도 잡수시지 아니하시니 날 수가 다하매 주리신지라

마귀가 가로되 네가 만일 하나님의 아들이어든 이 돌들에게 명하여 떡덩이가 되게 하라

예수께서 대답하시되 기록하기를 사람이 떡으로만 살 것이 아니라 하였느니라

마귀가 또 예수를 이끌고 올라가서 순식간에 천하 만국을 보이며

가로되 이 모든 권세와 그 영광을 내가 네게 주리라 이것은 내게 넘겨준 것이므로 나의 원하는 자에게 주노라

그러므로 네가 만일 내게 절하면 다 네 것이 되리라

예수께서 대답하여 가라사대 기록하기를 주 너의 하나님께 경배하고 다만 그를 섬기라 하였느니라

또 이끌고 예루살렘으로 가서 성전 꼭대기에 세우고 가로되 네가 만일 하나님의 아들이어든 여기서 뛰어 내리라

기록하였으되 하나님이 너를 위하여 그 사자들을 명하사 너를 지키게 하시리라 하였고

또한 저희가 손으로 너를 받들어 네 발이 돌에 부딪히지 않게 하시리라 하였느니라

예수께서 대답하여 가라사대 말씀하기를 주 너의 하나님을 시험치 말라 하였느니라

마귀가 모든 시험을 다 한 후에 얼마 동안 떠나니라"(눅 4:1-13).

예수님께서 세례를 받으시고 성령에 이끌려서 광야에 가셨습니다. 거기서 주님은 사십 주야를 금식하셨습니다. 예수님께서 몹시 주리셨을 때에 시험하는 자, 즉 사단 마귀가 와서 예수님을 시험했습니다.

예수님은 왜 이런 시험을 자초해서 받으셨을까요? 예수님은 사단 마귀의 시험을 받으시고, 하나님 말씀으로 넉넉하게 이기셨습니다. 예수님께서는 당신이 받으신 세례의 능력을 믿고 거듭난 우리들도 마귀의 유혹과 시험을 능히 이길 수 있다는 진리를 우리에게 가르쳐 주시기 원하셨습니다.

세 가지 기출문제의 답을 주시다

오늘 주님께서 우리들이 당면할 세 가지 시험을 먼저 당해 주셔서, 우리에게는 그러한 시험들이 이미 답을 알고 있는 기출문제(既出問題)가 되게 하셨습니다.

사단 마귀가 예수님을 시험한 세 가지 유혹의 미끼는 돈(재물)과 권력과 명예입니다. 이것들은 모든 사람들이 추구하는 가치들인데, 이 세 가지의 사회적 가치들(social values)을 3 P's(property, power, prestige)라고 합니다. 인류의 역사는 3 P's를 더 많이 가지려는 개인 간의, 사회 계층 간의, 또 국가 간에 치열한 갈등과 투

쟁의 과정입니다. 개개인의 삶과 계층 간 국가 간의 갈등과 전쟁은 모두 제한되어 있는 3 P's를 더 많이 가지려는 욕망에서 비롯된 것입니다.

주님께서는 사단 마귀의 세 가지 시험을 하나님의 말씀으로 다 물리치셨습니다.

첫째로, 사단 마귀는 예수님께 "**네가 만일 하나님의 아들이어든 이 돌들에게 명하여 떡덩이가 되게 하라**"라고 시험했습니다. 이에 예수님은, "**사람이 떡으로만 살 것이 아니요 하나님의 입으로 나오는 모든 말씀으로 살 것이라**"(마 4:4)고 말씀하셨습니다.

사람은 하나님의 형상을 따라 존귀하게 지어졌습니다. "**존귀에 처하나 깨닫지 못하는 사람은 멸망하는 짐승과 같도다**"(시 49:20). 떡으로만 만족하고 사는 사람은 개나 돼지와 다를 것이 없습니다. 생각이 있는 사람이라면 이 땅의 것들로는 결코 만족할 수 없습니다.

사마리아 땅 수가 성(a town called Sychar)의 어떤 여인이 자기에게 다섯 남편이 있었고 지금 있는 남편도 자기의 남편이 아니라고 고백한 것처럼, 돈(재물), 권력, 명예, 육체의 쾌락, 자아의 성취 등, 이 땅에 있는 어떤 것도 우리의 영원한 남편이 될 수 없습니다. 우리의 참된 만족은 땅의 것으로부터 오지 않습니다.

"욕망은 꽃을 피우나 소유는 모든 것을 시들게 한다"라는 이느 철학자의 말처럼, 이 땅의 것들에 대한 인간의 욕구는 끝이 없습니다. 돈, 권력, 명예는 가지면 가질수록 더 많이 갖고 싶습니다. 풍선을 불면 표면적으로는 점점 늘어나듯이, 많이 가진 사람은 더 큰 욕망을 갖습니다.

그 채울 수 없는 욕망 때문에, 예수님을 만나지 못한 사람의 마음은 늘 공허하고 허전합니다. 성경은 처음부터 인간의 실존에 대해서, **"땅이 혼돈하고 공허하며 흑암이 깊음 위에 있고"**(창 1:2)라고 선포합니다. 영원한 생명을 얻게 하는 참빛이 비취기 전에는, 모든 사람의 마음은 **"혼돈하고 공허하며 흑암이 깊음 위에"** 있을 수밖에 없습니다.

나의 옛사람은 이미 죽었습니다

왜 사람들이 물질과 권력과 명예를 더 많이 가지려는 욕망으로부터 벗어나지 못합니까? 기독교인들조차도 여전히 끝도 없는 욕망의 덫에 걸려서 허우적거립니까? 그것은 그들이 **"물과 피로 임하신"**(요일 5:6) 예수님께서 베푸신 구원의 진리를 믿지 않아서, 그들의 옛사람이 살아 있기 때문입니다.

"무릇 그리스도 예수와 합하여 세례를 받은 우리는 그의 죽으심과 합하여 세례 받은 줄을 알지 못하느뇨… 우리가 알거니와 우리 옛 사람이 예수와 함께 십자가에 못 박힌 것은 죄의 몸이 멸하여 다시는 우리가 죄에게 종노릇 하지 아니하려 함이니 이는 죽은 자가 죄에서 벗어나 의롭다 하심을 얻었음이니라"(롬 6:3, 6-7).

예수님께서 서른 살이 되셨을 때에, 인류를 죄에서 구원하기 위해서 제일 먼저 요단강으로 나가셨습니다. 거기서 예수님은 인류의 대표자인 세례 요한에게 안수(按手)의 형식으로 세례를 받으셨습니다. 그 세례(안수)로 세상의 모든 죄가 예수님께 전가(轉稼, 옮겨심음) 되었습니다. 그 세례로 이 땅에는 **"모든 의"**(마 3:15)가 이루어졌습니다.

예수님께서 받으신 세례의 능력을 믿는 자가 **"예수님과 합하여**

세례를 받은 자"(롬 6:3)입니다. 이 말씀이 흠정역(欽定譯, King James Version)에는 **"예수님 안으로 들어가는 세례를 받은 자"**(so many of us were baptized into Jesus Christ)라고 번역되어 있습니다.

구약의 속죄 제사에서, 제물(양)의 머리에 안수(按手)를 하면 사람의 죄가 넘어갔습니다. 안수는 "넘어간다"라는 뜻입니다. 인류의 대표자인 세례 요한이 하나님의 어린양으로 오신 예수님의 머리에 안수로 베푼 세례로 우리의 옛사람이 우리의 죄와 함께 예수님 안으로 들어가서 예수님과 하나가 되었습니다. 그래서 예수님께서 십자가에 돌아가실 때에 우리의 옛사람도 예수님 안에서 예수님과 함께 죽었습니다.

"내가 그리스도와 함께 십자가에 못 박혔나니 그런즉 이제는 내가 산 것이 아니요 오직 내 안에 그리스도께서 사신 것이라 이제 내가 육체 가운데 사는 것은 나를 사랑하사 나를 위하여 자기 몸을 버리신 하나님의 아들을 믿는 믿음 안에서 사는 것이라"(갈 2:20).

우리가 예수님과 함께 십자가에 못 박힌 것은, 예수님께서 인류의 대표자인 세례 요한에게 안수의 형식으로 받으신 세례로 우리의 옛사람이 예수님 안으로 들어갔기 때문입니다. 예수님의 세례와 십자가의 피의 능력을 믿는 자는 그리스도와 함께 죽었고, 예수님의 부활하심 안에서 주님과 함께 새 생명으로 부활했습니다. **"물과 피의 복음"**을 믿는 사람은 다시는 심판에 이르지 않는 **"새로운 피조물"**이 되었습니다.

예수님과 합하여 세례를 받지 않은 기독교인들, 즉 십자가의 피만 믿는 기독죄인(基督罪人)들은 자기의 옛사람이 그대로 살아 있습니다. 예수님의 세례의 능력을 믿지 않는 사람은 마음의 죄가 고

스란히 남아 있는 기독죄인(基督罪人)일 수밖에 없습니다. 자기의 옛사람이 죽지 않은 사람은 예수님의 신부가 될 수 없습니다. **"물과 피의 복음"**을 믿어서 죄 사함을 받고 거룩해진 의인이라야 주님의 신부가 될 수 있습니다.

슬기로운 여인 아비가일

다윗이 자기를 죽이려는 사울 왕을 피해서 이방 땅을 유리할 때에 나발이라고 하는 미련한 자의 목자들과 양떼를 보호해 주었습니다. 마침 양털 깎는 시기여서 일꾼들의 음식이 풍족한 때였기에, 다윗은 나발에게 부하를 보내서, "우리 소년들을 위해서 음식을 좀 나눠 달라"라고 요청했습니다. 나발은 "내가 어찌 내 떡과 물과 내 양털 깎는 자를 위하여 잡은 고기를 어디서 왔는지도 모르는 자들에게 주겠느냐" 하며 다윗을 모욕했습니다.

다윗은 분개해서 부하들을 이끌고 나발을 쳐죽이려고 달려갔습니다. 그런데 나발의 아내 아비가일은 지혜롭고 현숙한 여인이었습니다. 그녀는 급히 음식을 준비하고 달려가 다윗 앞에 엎드려서, "내 남편은 미련한 자이니 개의치 마십시오. 어찌하여 나의 주께서 그 손에 더러운 피를 묻히려 하십니까?" 하고 다윗을 말렸습니다.

그런데 하나님께서 나발을 쳐서 그가 몸이 굳은 후 한 열흘 만에 죽었습니다. 나발이 죽자 다윗은 아비가일에게 사람을 보내서 그녀를 아내로 맞겠다는 뜻을 전했습니다. 아비가일은 그날로 기뻐하며 다윗에게 달려가서 그의 아내가 되었습니다.

**"형제들아 내가 법 아는 자들에게 말하노니 너희는 율법이 사람의 살 동안만 그를 주관하는줄 알지 못하느냐 남편 있는 여인이 그 남편 생전에는 법으로 그에게 매인바 되나 만일 그 남편이 죽으면 남편의 법에서 벗어났느니라 그러므로 만일 그 남편 생전에 다른 남자에게 가면 음부라 이르되 남편이 죽으면 그 법에서 자유케 되나니 다른 남자에게 갈찌라도 음부가 되지 아니하느니라

그러므로 내 형제들아 너희도 그리스도의 몸으로 말미암아 율법에 대하여 죽임을 당하였으니 이는 다른이 곧 죽은 자 가운데서 살아나신 이에게 가서 우리로 하나님을 위하여 **열매를 맺히게 하려 함이니라**"(롬 7:1-4).

예수님의 세례의 능력을 믿는 우리에게는, 나발같이 미련한 우리의 옛사람이 이미 죽었습니다. 예수님께서 받으신 세례와 십자가의 피로 하나님은 우리의 옛사람을 죽이시고 또 새로운 피조물로 부활시키셨습니다. 우리 옛사람이 온전히 죽지 않고서는, 우리가 결코 새신랑인 예수 그리스도께로 시집을 갈 수 없습니다.

그래서 거듭난 우리는 이제 더 이상 육의 몸이 칭얼거리며 떼를 쓰는 대로 끌려가지 않습니다. 우리 육의 사람은 계속해서 육신의 욕구를 채워 달라고 칭얼대지만, 우리의 속사람(영)은 진리의 말씀을 믿음으로 육체의 소욕을 부인하며 육의 몸이 이미 멸했음을 선포합니다.

진리의 복음으로 믿음의 기초를 견고하게 놓은 사람은 이제 더 이상 재물(돈)과 권력과 명예의 유혹에 이끌려 가지 않습니다. 만일 아직도 여러분에게 권력이나 명예나 돈과 같은 이 땅의 가치들을 추구하는 마음이 있다면, 여러분은 믿음의 집을 지을 터를 제대로 놓지 못한 사람입니다. 진리의 복음, 즉 물과 피의 복음을 믿어서 자기의 옛사람이 죽은 자들만 복음의 터 위에 믿음의 집을 지을 수 있습니다.

우리 주님께서 사단 마귀에게 세 가지 시험을 받으시고 말씀으로 모두 승리하셨습니다. 그리고 우리에게 기출문제(既出問題)와 정답을 가르쳐 주셨습니다.

주님은 **"세상에서는 너희가 환난을 당하나 담대하라 내가 세상을 이기었노라"**(요 16:33)고 우리를 격려하십니다. 세상이 무엇입니까? 돈과 명예와 권력이라는 3P's가 지배하는 곳입니다. 주님께서 완성해 주신 **"물과 피의 복음"**을 믿는 의인들은 사단 마귀의 시험을 넉넉하게 이깁니다.

예수님은 세상을 이기셨습니다. 예수님과 합하여 세례를 받은 우리도 능히 세상을 이길 수 있습니다. 우리 모두 사단 마귀의 시험과 유혹을 이기고 하나님께로부터 칭찬받는 믿음의 사람들이 되기를 바랍니다.

하나님의 종에게 필요한 세 요건

"무리가 옹위하여 하나님의 말씀을 들을째 예수는 게네사렛 호숫가에 서서

호숫가에 두 배가 있는 것을 보시니 어부들은 배에서 나와서 그물을 씻는지라

예수께서 한 배에 오르시니 그 배는 시몬의 배라 육지에서 조금 띄기를 청하시고 앉으사 배에서 무리를 가르치시더니

말씀을 마치시고 시몬에게 이르시되 깊은데로 가서 그물을 내려 고기를 잡으라

시몬이 대답하여 가로되 선생이여 우리들이 밤이 맞도록 (마치도록) 수고를 하였으되 얻은 것이 없지마는 말씀에 의지하여 내가 그물을 내리리이다 하고

그리한즉 고기를 에운 것이 심히 많아 그물이 찢어지는지라

이에 다른 배에 있는 동무를 손짓하여 와서 도와달라 하니 저희가 와서 두 배에 채우매 잠기게 되었더라

시몬 베드로가 이를 보고 예수의 무릎 아래 엎드려 가로되 주여 나를 떠나소서 나는 죄인이로소이다 하니

이는 자기와 및 함께 있는 모든 사람이 고기 잡힌 것을 인하여 놀라고

세베대의 아들로서 시몬의 동업자인 야고보와 요한도 놀랐음이라 예수께서 시몬에게 일러 가라사대 무서워 말라 이제 후로는 네가 사람을 취하리라 하시니

저희가 배들을 육지에 대고 모든 것을 버려두고 예수를 좇으니라"(눅 5:1-11).

예수님께서 어부였던 시몬 베드로를 당신의 제자로 부르셨습니다. 이 말씀을 통해서 하나님의 종에게 요구되는 세 요건에 대해서 상고해 보고자 합니다.

주님께서 세상의 모든 죄를 담당하는 세례를 받으시고 복음 전파의 사역을 시작하셨습니다. 많은 병자들과 귀신 들린 자들과 불구자들이 주님의 능력으로 고침을 받고 예수님을 따라다녔습니다. 그러나 예수님은 이적을 베풀러 오신 분이 아니라, 인류를 죄에서 구원하러 오신 분인데, 너무 많은 사람들이 예수님의 옷이라도 만져 보려고 몰려들어서 예수님은 차분하게 하나님의 말씀을 전할 수가 없었습니다. 그래서 배를 한 척 빌려서 호숫가에서 조금 띄우시고 배 위에서 말씀을 전하셨습니다. 그 배가 시몬(베드로)의 배였습니다.

주님께서 배 위에 서서 호숫가에 선 사람들에게 말씀을 전하셨을 때에, 가장 가까이서 말씀을 들은 사람이 바로 시몬입니다. 말씀이 다 끝나고 나서 주님은 시몬에게, **"깊은 데로 가서 그물을 내려 고기를 잡으라"**라고 말씀을 하셨습니다. 시몬은 **"우리들이 밤이 맞도록 수고를 하였으되 얻은 것이 없지마는 말씀에 의지하여 내가 그물을 내리리이다"** 하고 깊은 곳으로 가서 그물을 내렸습니다.

그러자 고기들이 너무 많이 잡혀서 그물이 찢어질 지경이 되었습니다. 시몬은 가까이 있던 배에서 일하던 야고보와 요한을 불러서 함께 그물을 끌어올렸습니다. 두 배가 모두 가라앉을 정도로 물고기로 가득 찼습니다.

시몬은 놀라운 일을 보고 예수님의 무릎 아래 엎드려, **"주여 나를 떠나소서 나는 죄인이로소이다"** 하고 고백했습니다. 그러자 주님께서는 시몬에게 **"무서워 말라 이제 후로는 네가 사람을 취하리**

라"라고 말씀하셨습니다. 이 일로 인해서 시몬뿐만 아니라 야고보와 요한도 주님의 종이 되었습니다.

주님의 종의 첫째 조건: 거듭나야 한다

주의 종이 되려면, 첫째로 거듭나야 합니다. 하나님의 은혜로 죄 사함 받고 의인이 되지 못한 사람은 하나님의 종이 될 수 없습니다. 자기도 죄의 병자인데 누구를 고쳐 주겠습니까? 자기가 먼저 온전함을 입어야 다른 죄인들을 거듭나게 해서 하나님의 백성으로 삼을 수 있습니다.

그런데 사람이 거듭나려면 첫 번째로 정직해야 합니다. 시몬은 예수님의 발치에서 진리의 말씀을 들으면서, 자기는 지옥에 가야 마땅한 자라고 스스로 시인했습니다. 정직한 자는 하나님의 말씀 앞에서 양심에 찔림을 받고 하나님 앞에 엎드려 하나님의 긍휼을 바랍니다. 그렇게 하나님의 율법 앞에서 자기가 지옥에 가야 마땅한 죄인이라는 사실을 시인해야만 **"죄 사함으로 말미암는 구원"**(눅 1:77)을 받습니다.

우리 인간은 근본적으로 죄 덩어리입니다. 그런데 대부분의 기독교인들은 자기가 근본 선한 줄 압니다. 그것은 큰 착각입니다. 그리고 그런 착각 때문에 **"죄 사함으로 말미암는 구원"**을 받지 못하고, 의로운 척하는 현대판 바리새인들로 살아갑니다.

예수님께서 세리와 창녀들과 같은 죄인들과 어울리시는 것을 보고 바리새인과 서기관들이 예수님을 비난했습니다. 그러자 예수님은, **"건강한 자에게는 의원이 쓸데없고 병자라야 하나니 나는 의인을 부르러 온 것이 아니라 죄인을 불러 회개시키러 왔다"**라고 말씀하셨습니다. 주님께서도 자칭(自稱) 의인들을 구원할 길이 없습니다. 물에 빠져 있으면서도 "나는 물에 빠지지 않았다"라고 고집을 부리는 사람을 어떻게 물에서 건져 내겠습니까? "나는 선하다. 나는 죄가 없다"라는 자들을 어떻게 죄에서 구원하겠습니까?

바리새인과 서기관들은 예수님과 제자들이 씻지 않은 손으로 음식을 먹는 것을 보고, "저 사람들은 저렇게 더러운 손으로 음식을 먹는 것을 볼 때 죄인임에 틀림없다"라고 정죄(定罪) 했습니다. 예수님께서는 그들이 중얼거리는 것을 보시고, **"무엇이든지 밖에서 사람에게로 들어가는 것은 능히 사람을 더럽게 하지 못하되 사람 안에서 나오는 것이 사람을 더럽게 하는 것이니라"**(막 7:15-16)고 말씀하셨습니다.

무리를 떠나서 집에 들어가시자, 제자들이 그 말씀의 뜻을 다시 물었습니다. 예수님은 **"너희도 이렇게 깨달음이 없느냐"** 하고 책망하신 후에, **"사람에게서 나오는 그것이 사람을 더럽게 하느니라 속에서 곧 사람의 마음에서 나오는 것은 악한 생각 곧 음란과 도적질과 살인과 간음과 탐욕과 악독과 속임과 음탕과 흘기는 눈과 훼방과 교만과 광패니 이 모든 악한 것이 다 속에서 나와서 사람을 더럽게 하느니라"**(막 7:20-23) 하고 가르쳐 주셨습니다.

우리 주님의 말씀은 한 점 한 획도 거짓이 없는 진리입니다. 우리는 모두 사람입니다. 사람인 우리는 예외 없이 이 말씀에 열거된 죄들을 가지고 태어나서 평생 동안 허물의 죄를 쏟아 내며 살아가는 존재들입니다.

만일 제 손에 들린 컵을 우리의 마음이라고 가정하면, 이 컵 속에 더러운 똥이 가득 담겨 있는 상태가 우리의 마음입니다. 이것들은 사단 마귀가 첫 사람 아담에게 주입했던 죄의 독성들인데, 아담의 후손인 우리들은 이 모든 죄 즉, **"너희 조상의 유전한 망령된 행실"(벧전 1:18)**을 가지고 태어났습니다. 그래서 어떤 환경을 만나서 충격을 받으면, 이 컵 속의 더러운 것들이 밖으로, 즉 말과 생각과 행동으로 흘러나오는 것이 당연합니다.

다윗 왕을 한번 예로 들어 보십시다. 다윗 왕은 하나님을 경외하고 말씀을 존중했던 선지자입니다. 그런데 그가 왕궁 옥상을 거닐다가 어느 집 옥상에서 여인네가 백옥같이 흰 피부를 드러내고 목욕을 하고 있는 장면을 보게 되었습니다.

그 순간 경건한 하나님의 종 다윗의 속에 있던 음란이 쏟아졌습니다. 그는 정욕을 이기지 못하고 그 여인과 간음을 하게 되었고, 게다가 자기의 죄를 은폐하려고 사람들을 거짓말로 속이고 악한 계교로 자기의 충직한 신하 우리야를 살해했습니다.

여러분이 다윗과 같은 상황에 있었다면 어떡했겠습니까? **"여자를 보고 음욕을 품는 자마다 마음에 이미 간음하였느니라"(마 5:28)**는 주님의 말씀 앞에서 여러분은 간음하는 자가 아닙니까? 주님께서 열거하신 모든 죄들이 자기 마음 안에 다 들어 있다는 사실을 인정하는 자가 바로 **"심령이 가난한 자"(마 5:3)**입니다. 심령이 가난한 자라야 죄 사함을 받고 천국의 영생을 얻습니다.

베드로는 자기 배를 주님께 빌려드리고, 주님의 발치에서 진리의 말씀을 들으면서 자기는 지옥에 가야 마땅한 죄인이라는 사실을 진솔하게 인정했습니다. 그래서 그는 주님께서 자기와 같은 죄인들을 위해서 당신의 몸으로 한 영원한 제사를 드려 주신 구원의 사역을 믿음으로 죄 사함을 받고 거듭날 수 있었습니다.

바리새인과 서기관들처럼 심령이 부유한 자들은 죄 사함을 받지 못합니다. 그들은 하나님 앞에서 정직하지 않습니다. 그들은 자기들이 율법을 외모로 조금 지키는 것을 자랑하며 의로운 척합니다. 자기 의의 부자가 천국에 들어가는 것은 낙타가 바늘귀로 들어가는 것보다 어렵습니다.

　사도 바울은 "전에 법을 깨닫지 못할 때에는 내가 살았더니 계명이 이르매 죄는 살아나고 나는 죽었도다"(롬 7:9) 하고 토로했습니다. 그가 율법을 피상적으로 알 때에는, 자기가 꽤나 의로운 줄 알았고 기고만장했습니다. 그런데 율법이 요구하는 절대적인 선의 기준을 깨닫고 나서는, 바울은 자기의 실존(實存)을 고백하면서, "오호라 나는 곤고한 사람이로다 이 사망의 몸에서 누가 나를 건져 내랴"(롬 7:24) 하고 탄식했습니다.

　주님의 종이 될 첫째 조건은 거듭나야 한다는 것입니다. 거듭난 의인이 아니면 어떻게 영적 소경들을 인도할 수 있겠습니까? 소경이 소경을 인도하면 둘 다 구덩이에 빠져서 멸망합니다. 하나님 앞에서 정직한 심령이라야 죄 사함을 받고 거듭나서 주님의 종이 될 기본적인 자격을 얻게 됩니다.

하나님의 종이 되는 두 번째 조건: 자기 생각을 부인해야 한다

　주님의 종이 되려면, 두 번째로 자기 생각을 부인해야 합니다. 갈릴리 호수의 고기잡이에 대해서는 시몬보다 박식한 사람이 없었을 것입니다. 이 시간대에 깊은 곳엔 물고기가 없다는 것을 시몬은 잘 알고 있었습니다. 그렇지만 주님께서 말씀하시니 자기의 생각을 꺾어 버리고 하나님의 말씀을 믿는 것이 자기를 부인하는 것입니다.

하나님의 사람이 되려면 자기를 부인해야 합니다. 자기를 부인하지 않으면 하나님의 종이 될 수 없습니다. 종은 자기의 주관이나 옳음이나 자신의 계획을 좇아가는 자가 아니라, 주인의 뜻과 명령을 순종하는 자입니다.

자기 생각을 부인하지 않으면 죄 사함 받을 수도 없습니다. 저도 거듭나기 전에는 십자가의 피가 복음의 전부라고 굳게 믿었었습니다. 물론 그때에는 마음에 죄가 그대로 있었습니다. 그러던 중, **"물과 피로 임하신 자"(요일 5:6)** 예수 그리스도의 온전한 복음을 깨닫게 되었습니다. 성경적으로 너무나 맞는 복음이었지만, "그렇다면 이 많은 사람이 다 잘못 믿고 있다는 말이냐?"라는 나의 생각이 발목을 잡았습니다. 그래서 진리의 복음을 온전히 믿는데 시간이 걸렸습니다.

지금도 "전 세계의 기독교 인구 15억 명이 십자가의 피만 믿는데 당신이 지금 전하는 물과 피의 복음은 내가 생전에 들어보지도 못했다"라고 항변하며 **"물과 피의 복음"**을 배척하는 이들이 많습니다. 그러나 그것은 자기의 편협한 생각에 불과합니다. 지지하는 사람의 숫자가 절대다수(絶對多數)여도, 진리는 숫자로 결정되는 것이 아닙니다. 코페르니쿠스나 갈릴레오는 천동설(天動說)이 지배적인 시대에 지동설(地動說)을 주장했습니다. 갈릴레오는 그 일로 화형을 당할 뻔했습니다.

우리는 사도 바울에게서 복음을 들은 베뢰아 사람들처럼 하나님의 말씀이 어떠한가를 살펴서, 하나님의 말씀 앞에서 자기의 생각을 꺾어 버려야 합니다. 자기의 생각을 부인하지 않고는 진리의 원형복음을 좇을 수 없습니다.

시몬은 자기 생각을 부인하고 말씀에 의지하여 그물을 내렸습니다. 그래서 놀라운 결과를 확인하고, 주님의 제자가 되었습니다. 우리는 자기의 옳음도 부인해야 되고, 자기가 지금까지 배웠던 알량한 지식들도 부인해야 하고, 지금까지 경험한 영적 체험도 부인해야 합니다. 말씀으로 돌아가려면 자기를 부인해야 합니다. 주님의 말씀에 의지해서 그물을 내려야 합니다. 하나님 말씀을 전적으로 믿는 데에 제일 방해가 되는 것이 자기 생각입니다.

하나님의 종이 되는 세 번째 조건: 종의 직분을 가장 귀하게 여겨야 한다

마지막으로, 주님의 종이 되려면 주님의 종이라는 직분이 무엇과도 비교할 수 없는 가장 귀한 직분이라는 믿음이 있어야 합니다. 주님께서 시몬에게 "이제부터 너를 사람 낚는 어부로 삼겠다"라고 말씀하셨을 때에 시몬과 야고보와 요한은 즉시로 모든 것을 버려두고 주님을 따라갔습니다.

많은 사람들이 하나님의 종이 되는 것을 출세의 수단으로 생각합니다. 그들은 신학교를 졸업하고 교회를 개척하고 많은 신자들을 모아서 대형 교회를 이루는 것을 목회의 성공으로 여깁니다. 그런 자들은 **"경건을 이익의 재료로 생각하는 자들"**(딤전 6:5)이며 **"저희의 신은 배"**(빌 3:19)인 삯꾼들입니다.

영혼들을 죄에서 구원해서 하나님의 자녀로 삼는 그 일보다 귀한 일은 없다고 믿는 사람만이 하나님의 종이 될 수 있습니다. 사도 바울은 주님께서 주신 **"화목하게 하는 직책"**(고후 5:18)을 가장 영광스럽게 여기고 기쁨으로 충성되게 종의 직분을 준행했습니다.

주님의 종이 되려면, 첫째로 하나님의 말씀 앞에서 자기의 악함을 정직하게 인정하고 진리의 복음을 믿어서 거듭나야 합니다.

둘째로, 하나님 말씀 앞에서 자기의 생각을 부인해야 합니다. 내 생각은 항상 악하기 때문입니다.

셋째로, 진리의 복음으로 영혼들을 구원하는 종의 직분이 이 세상 어느 것보다 귀하고 또 아름답다는 믿음이 있어야 합니다.

이런 믿음이 여러분들에게 있기를 바랍니다.

네 죄 사함을 받았느니라

"하루는 가르치실 때에 갈릴리 각 촌과 유대와 예루살렘에서 나온 바리새인과 교법사들이 앉았는데 병을 고치는 주의 능력이 예수와 함께하더라

한 중풍병자를 사람들이 침상에 메고 와서 예수 앞에 들여놓고자 하였으나

무리 때문에 메고 들어갈 길을 얻지 못한지라 지붕에 올라가 기와를 벗기고 병자를 침상채 무리 가운데로 예수 앞에 달아 내리니

예수께서 저희 믿음을 보시고 이르시되 이 사람아 네 죄 사함을 받았느니라 하시니

서기관과 바리새인들이 의논하여 가로되 이 참람한 말을 하는 자가 누구뇨 오직 하나님 외에 누가 능히 죄를 사하겠느냐

예수께서 그 의논을 아시고 대답하여 가라사대 너희 마음에 무슨 의논을 하느냐

네 죄 사함을 받았느니라 하는 말과 일어나 걸어 가라 하는 말이 어느 것이 쉽겠느냐

그러나 인자가 땅에서 죄를 사하는 권세가 있는 줄을 너희로 알게 하리라 하시고 중풍병자에게 말씀하시되 내가 네게 이르노니 일어나 네 침상을 가지고 집으로 가라 하시매

그 사람이 저희 앞에서 곧 일어나 그 누웠던 것을 가지고 하나님께 영광을 돌리며 자기 집으로 돌아가니

모든 사람이 놀라 하나님께 영광을 돌리며 심히 두려워하여 가로되 오늘날 우리가 기이한 일을 보았다 하니라"(눅 5:17-26).

예수님께서 가버나움의 집에 계실 때에 운신할 수 없을 정도로 수많은 사람들이 모여들었습니다. 많은 사람들로 집 안이 그득 차서 더 이상 예수님께 가까이 갈 수 없는 지경이었습니다. 그때에 어떤 사람들이 예수님 계신 곳 위의 지붕을 뜯고, 중풍병자를 누인 침상의 네 귀퉁이에 끈을 매달아서 예수님께로 내려보냈습니다.

예수님께서는 중풍병자인 그 환자를 보시고, **"이 사람아 네 죄 사함을 받았느니라"** 하고 말씀하셨습니다. 예수님께서 고통 중에 있는 그 사람의 병은 고쳐 주시지 않고 **"이 사람아 네 죄 사함을 받았느니라"** 하고 말씀하시자, 그 주변에 앉아 있었던 서기관이나 바리새인들이 "참람하도다" 하며 수근거리기 시작했습니다. 이 말은 "저 예수라는 자가 신성 모독을 하고 있다"라는 뜻입니다.

병 고침의 역사와 죄 사함의 역사 중에 어느 것이 더 어렵습니까?

예수님은 그들의 마음을 아셨습니다. **"너희 마음에 무슨 의논을 하느냐 네 죄 사함을 받았느니라 하는 말과 일어나 걸어가라 하는 말이 어느 것이 쉽겠느냐"** 하고 예수님은 그들에게 반문하셨습니다.

여러분은 "네 죄 사함을 받았느니라" 하는 말과 "일어나 걸어가라" 하는 말 중에 어느 것이 더 어렵다고 생각하십니까?

전신불수의 중풍병자가 벌떡 일어나는 것은 심히 어렵다고 생각하시겠죠? 보통 그렇게 생각합니다. 그러나 그렇지 않습니다. 병 고치는 일은 의사들도 할 수 있고, 귀신도 병증을 호전시킬 수 있습니다. 사단 마귀도 영물이고 능력이 있습니다. 사단의 영이 들린 사람은 거짓 이적을 베풀어서 사람들을 쉽게 속입니다. 거짓된 사역자들이 소위 성령의 능력으로 선전하는 치유의 이적을 과학적으로 검증해 보면 거의 다 거짓 농간임이 드러납니다.

어떤 병이 나았다든지, 귀신이 나갔다든지 하는 것들은 그렇게 중요한 일이 아닙니다. 진정 중요한 일은 죄인이 죄 사함을 받아서 하나님의 자녀가 되고 영생을 얻는 일입니다. 그것이 가장 큰 선물이고 축복입니다. 그러므로 "이 사람아 네 죄 사함을 받았느니라"라는 축복의 말씀이 모든 사람의 귓전에 들려야 합니다.

대부분의 많은 사람들은, "네 죄가 사해졌다는 말이 쉽지! 그런 말은 나도 할 수 있어!" 그렇게 생각할 수 있습니다. 죄 사함은 눈에 보이게 드러나는 현상이 아니기 때문입니다. 하지만 "네 죄 사함을 받았느니라"라는 말이 가장 어려운 말입니다. 죄를 사하는 권세는 하나님께만 있기 때문에, 사람은 결코 그런 말을 할 수 없습니다.

하나님이라도 공의한 방법으로 인류의 죄를 없애 놓으신 후에야, "물과 피로 임하신"(요일 5:6) 당신의 구원 사역을 믿는 자들에게 "이 사람아 네 죄 사함을 받았느니라"라는 말씀을 할 수 있습니다. "이 사람아 네 죄 사함을 받았느니라" 하는 말씀은 주님께서 인류의 대표자인 세례 요한에게 안수의 형식으로 세례를 받으심으로 세상 죄를 담당하시고 십자가의 엄청난 고난을 받아 주셨기에, 주님만이 하실 수 있는 말씀입니다.

"이 사람아 네 죄 사함을 받았느니라."

예수님께서 하나님의 어린양으로 오셔서 세상의 죄를 도말(塗抹) 하셨다는 복음을 믿는 모든 사람에게 주님은 이 말씀을 선포하십니다. 예수님은 물(세례)과 피(십자가)로 임하셔서, 아담에서부터 세상의 종말까지의 인류의 모든 죄를 깨끗이 없애 주셨습니다.

예수님께서 모든 인류를 죄에서 공의하게 구원하셨습니다. 구약의 속죄 제사는 1) 흠 없는 제물, 2) 안수(죄를 전가함), 3) 제물의 죽음(피)이라는 세 가지 요건이 충족되어야 하나님께 열납(悅納)되었습니다.

"이 뜻을 좇아 예수 그리스도의 몸을 단번에 드리심으로 말미암아 우리가 거룩함을 얻었노라"(히 10:10). 예수님은 흠 없는 제물이 되어서 하나님의 어린양으로 오신 성자(聖子) 하나님입니다. 어린양 예수님께서 서른 살이 되셨을 때에, 요단강 물에서 세례 요한에게 안수의 방식으로 세례를 받으셨습니다.

그 세례는 세상의 모든 죄를 친히 담당한 안수(按手)의 세례입니다. **"그 세례"**(행 10:37)로 예수님은 **"세상 죄를 지고 가는 하나님의 어린양"**(요 1:29)이 되셨습니다. 이제 나의 모든 죄와 허물은 예수님의 육체(몸)로 넘어갔습니다. 그리고 예수님께서 **"다 이루었다"**(요 19:30)라고 외치시고 돌아가시기까지 흘리신 십자가의 피로 나의 모든 죄를 이미 깨끗하게 없애 주셨습니다.

진리의 원형복음, 즉 성경대로의 복음을 믿는 자는 주님에게서, **"이 사람아 네 죄 사함을 받았느니라"**라는 축복의 말씀을 듣고 죄 사함을 받습니다. 유대인들은 성막의 제도, 특별히 대속죄일(大贖罪日)의 제사를 통해서 계시된 하나님의 구원의 섭리를 잘 알고 있었습니다. 그래서 유대인들은 예수님이 메시아인 것만 확인하면, 그분이 어떻게 죄를 없애 주실지는 이미 알고 있었습니다. 어떤 소경은 **"다윗의 자손이여 나를 불쌍히 여기소서"** 하고 예수님께 긍휼을 베풀어 달라고 외쳤습니다. **"다윗의 자손이여"**라는 외침은 **"당신은 메시아입니다"**라는 고백입니다.

물론 고통스러운 육신의 병이 치유되는 것도 큰 기쁨입니다. 그러나 병만 치료되고 죄 사함을 받지 못했다면, 그것은 궁극적인 축복이 될 수 없습니다. 죄의 삯은 사망입니다. 건강한 몸으로 잠시 편안하게 살지는 모르지만, 마음에 죄가 있으면 지옥에 갑니다. 육신의 병이 낫는 것은 영혼의 병인 죄의 병이 깨끗이 나아서 하나님의 자녀가 되는 축복에 비하면 아무것도 아닙니다.

물론 예수님께서는 많은 이들의 각종 병과 불구를 고쳐 주시고 마귀 들린 자들에게서 마귀를 쫓아내 주셨습니다. 그런 이적들은 예수님은 하나님의 아들이시고 우리의 모든 죄를 깨끗이 없애 주신 메시아라는 사실을 믿게 하기 위해서 베푼 사역입니다. "**예수께서 이 처음 표적을 갈릴리 가나에서 행하여 그 영광을 나타내시매 제자들이 그를 믿으니라**"(요 2:11). 표적이나 이적은 예수님이 우리의 죄를 깨끗이 없애 주신 구원자라는 사실을 믿게 하려고 베푸신 것입니다.

이제 여러분은 "**네 죄 사함을 받았느니라 하는 말과 일어나 걸어가라 하는 말이 어느 것이 쉽겠느냐**" 하신 말씀의 답을 분명히 얻었을 것입니다. 죄 사함의 선포는 하나님만이 하실 수 있는 말씀입니다. 죄 사함이 하나님께서 주시는 가장 귀한 선물이고 축복입니다.

영혼들은 교회의 믿음으로 죄 사함을 받습니다

네 사람이 합심해서 그 중풍병자를 병상 채 끈에 매달아서 주님께로 내려보냈습니다. 교회의 사역으로 영혼들이 예수님 앞으로 인도되어 구원을 받습니다. 하나님의 교회는 죄인들을 교회로 인도해서 진리의 말씀을 가르쳐 주고 예수님을 믿게 함으로 죄인들이 죄 사함을 받고 거듭나게 합니다. 하나님의 교회는 영적 중풍병자들을 온전케 하는 사역을 합니다.

하나님의 교회는 죄 사함을 받고 의인으로 거듭난 성도들의 모임입니다(고전 1:2). 따라서 기독죄인들의 모임은 하나님의 교회가 아닙니다. 기독죄인들이 아무리 궁궐 같은 예배당에 모여서 장엄한 순서와 찬양으로 예배를 드려도, 그들은 세상의 종교 집단에 불과합니다.

하나님의 교회는 거듭난 의인들의 모임입니다. 영적 중풍병자들, 영적 소경들, 영적 문둥병자들이 거듭난 의인들의 모임인 하나님의 교회를 통해서 예수님께로 인도를 받고, 그들의 죄의 병을 단번에 온전히 치유받습니다.

믿는 자에게 단번에 이루어지는 구원

예수님께서 그들의 믿음을 보시고, **"내가 네게 이르노니 일어나 네 침상을 가지고 집으로 가라"**(눅 5:24) 하시자, 그 사람은 곧 일어나 그 누웠던 것을 가지고 하나님께 영광을 돌리며 자기 집으로 돌아갔습니다.

죄 사함은 점진적(漸進的)으로 받는 것이 아닙니다. 죄 사함은 단번에 온전히 받는 것입니다. 주님의 진리의 복음을 듣고 믿으면 단번에 모든 죄의 사함을 받고 의인으로 거듭나게 됩니다.

그러나 기독교인들은 점진적, 단계적으로 구원을 받는다고 주장합니다. 간략하게는 칭의 구원, 성화 구원, 영화 구원의 삼 단계 구원론에서부터 그것을 더 세분화한 10단계 구원론까지, 기독교인들은 성경 말씀을 혼잡하게 하는 점진적 구원론에 빠져 있습니다. 오늘 본문의 중풍병자가 오랜 시간을 두고 조금씩 조금씩 좋아지면서 일어났습니까? 아닙니다. 주님의 음성을 듣고 단번에 온전하게 치유되었습니다.

할례를 받을 때에, "오늘은 요만큼만 끊자! 내일 오면 또 조금 끊어 줄게!" 하고 양피를 매일 조금씩 끊어냅니까? 그래서 평생 동안 할례를 받습니까? 아닙니다. 양피 끝을 확 잡아당겨서 돌칼로 단번에 끊어 버리는 것이 할례입니다.

죄 사함의 역사를 로마서에서는 **마음의 할례**(롬 2:29)라고 표현했습니다. 예수님께서 받으신 세례의 복음을 듣고 믿으면 마음의 모든 죄와 허물이 단번에 끊어져서 예수님께 넘어갑니다. 그리고 그 모든 죄가 십자가의 피로 이미 깨끗이 갚아졌습니다.

"모든 사람이 놀라 하나님께 영광을 돌리며 심히 두려워하여 가로되 오늘날 우리가 기이한 일을 보았다 하니라"(눅 5:26).

중풍병자가 단번에 치유된 역사를 기이한 일이라고 감탄하고 끝날 일입니까? 많은 기독교인들이 신유의 이적을 중요시하고, 기이한 영적 체험을 하려고 성령 폭발 대성회 등을 따라다니며 집단 광기에 휩싸입니다.

그런 기이한 일들을 따라다니면 절대로 죄 사함을 받지 못합니다. 마귀도 기이한 역사를 많이 베풉니다. 하나님은 말씀의 하나님이십니다. 하나님은 모든 사람이 죄 사함을 받고 구원에 이르기를 원하십니다.

이 중풍병자가 곧 일어나서 하나님을 찬양하면서 돌아갔는데, 그에게 임한 가장 큰 축복은 **"이 사람아 네 죄 사함을 받았느니라"**라는 말씀입니다. 그 말씀은 구원의 선포입니다. 죄 사함을 받지 못한 기독죄인(基督罪人)들은 아직 구원을 받지 못한 죄인일 뿐입니다. 그들은 칭의 교리(稱義敎理)를 의지해서, "나는 구원받은 죄인입니다"라고 고백합니다. 그러나 그런 희한한 존재는 없습니다. 구원받았으면 죄가 없는 의인이고, 구원 못 받았으면 죄가 있는 죄인입니다.

진리의 원형복음을 믿는 사람은 죄의 자리를 떨치고 곧 일어나 죄와 상관없는 의인이 됩니다. 의인들은 하나님의 교회 안에서 자라나서 진리의 복음을 증거하는 빛의 일꾼이 됩니다. 여러분 모두가 죄 사함을 받고 일어나 주님을 따르는 종들, 사람을 낚는 어부가 되기를 바랍니다.

지옥에 가야 할 죄인이라야 구원을 받습니다

"그 후에 나가사 레위라 하는 세리가 세관에 앉은 것을 보시고 나를 좇으라 하시니

저가 모든 것을 버리고 일어나 좇으니라

레위가 예수를 위하여 자기 집에서 큰 잔치를 하니 세리와 다른 사람이 많이 함께 앉았는지라

바리새인과 저희 서기관들이 그 제자들을 비방하여 가로되 너희가 어찌하여 세리와 죄인과 함께 먹고 마시느냐

예수께서 대답하여 가라사대 건강한 자에게는 의원이 쓸데 없고 병든 자에게라야 쓸데 있나니

내가 의인을 부르러 온 것이 아니요 죄인을 불러 회개시키러 왔노라

저희가 예수께 말하되 요한의 제자는 자주 금식하며 기도하고 바리새인의 제자들도 또한 그리하되 당신의 제자들은 먹고 마시나이다

예수께서 저희에게 이르시되 혼인집 손님들이 신랑과 함께 있을 때에 너희가 그 손님으로 금식하게 할 수 있느뇨

그러나 그 날에 이르러 저희가 신랑을 빼앗기리니 그 날에는 금식할 것이니라"(눅 5:27-35).

예수님께서 복음을 전파하러 가시는 중에 레위라고 하는 세리가 세관에 앉아 있는 것을 보시고 **"나를 따르라"** 하고 말씀하셨습

니다. 그는 곧 모든 것을 버리고 예수님을 따랐습니다. 그것은 결코 쉬운 일이 아닙니다.

지금은 세리들이 공무원이지만 그 시대에는 자영업자였습니다. 세리들은 자기의 수입을 올리려고 백성들을 억압하고 수탈했을 것입니다. 그래서 예수님 시대에 대표적인 죄인들을 언급할 때마다, 창녀와 세리가 대명사처럼 등장했습니다. 그런데 세리였던 레위가 예수님의 부르심에 응답해서 주님의 제자가 되고 후에 마태복음을 기록한 귀한 사역자가 되었습니다. 마태(Matthew)라는 이름은 히브리어의 "마티트야후"(Mattityahu)에서 유래된 이름으로 "하나님의 선물"(gift of Yahweh)이라는 뜻입니다.

심령의 패러다임의 전환

예수님의 부르심을 받기 전과 후의 레위(마태)의 삶은 완전히 달랐습니다. 전에는 그가 세상 것들을 좇고 즐기며 살았습니다. 그런데 레위가 주님의 부르심을 받고 주님을 따라간 후에는, 더 이상 자기의 욕망을 위해서 살지 않고 오직 주님의 뜻을 위해서 살았습니다.

토마스 쿤(Thomas Kuhn)이라는 미국의 철학자가 말한 "패러다임의 전환"(paradigm shift)이라는 개념이 있습니다. 이 말은 과학의 발전 과정에서 획기적인 변화를 지칭하는 개념이지만, 한 사람의 인생관이 급격히 변화되는 현상을 설명하기 좋은 개념입니다.

레위가 예수님의 부르심을 듣고 모든 것을 버리고 따라갔다는 것은 그의 삶의 패러다임이 완전히 바뀌었다는 뜻입니다. 이전의 레위는 눈에 보이는 것들과 육신의 욕망만을 위해서 살았습니다.

그런 시각과 인식의 틀 안에서 살면서, 나에게 도움이 되는 사람들하고만 인간관계를 맺었습니다. 눈에 보이는 세계가 레위에게 전부였습니다.

그런 중에도 레위는 마음속으로 심한 갈등을 겪고 있었습니다. "내가 그래도 제사장 족속인 레위 지파에 속한 사람인데 이 땅의 것만 좇아서 산다면 무슨 의미가 있겠나? 이렇게 살아가다가 결국 죽으면 흙으로 돌아가는 것인데, 그리고 하나님의 심판대 앞에 설 것인데……" 레위는 눈을 들어 하늘을 바라보았습니다. 그리고 영생을 사모하는 마음으로, 소문으로만 들었던 메시아 예수님을 기다리고 있었습니다.

주님은 구원을 간절히 바라던 레위의 마음을 알아보시고 그를 부르셨습니다. 그러자 그는 모든 것을 버리고 곧 주님을 따라갔습니다. 그는 아름답고 귀한 결단을 했고, 그의 삶에 "패러다임의 전환점"을 맞았습니다. 그는 예수님을 모시고 집에서 큰 잔치를 열었습니다. 그 잔치는 자기의 옛 생활과 이별하는 잔치였습니다. 친구들을 다 불러서, "친구들아, 내가 너희들과 함께 사람들을 등쳐 먹으면서 살았는데, 오늘부터 나는 이분, 구세주 예수님을 따라서 의를 위해서 살려고 한다" 하고 세리장(稅吏長) 이임식의 잔치를 베푼 것입니다.

많은 사람들이 예수님을 믿기로 작정하면, 교회에 등록을 하고 기독교인의 삶을 시작합니다. 그런데 그것이 과연 마음의 패러다임을 바꾼 것입니까?

주님께서는 우리 마음의 패러다임이 전환되기를 바라십니다. 그런데 대부분의 기독교인들은 외모의 패러다임을 바꾸고 만족합니다. 전에 담배 피우던 사람이 담배를 끊고, 술 마시고 행패를 부리던 사람이 술을 끊고, 일은 안 하고 방구석에서 뒹굴뒹굴하던 사람이 근실하게 일을 해서 칭찬을 받는 등, 기독교인들은 외모의 패러다임을 바꾸었을 뿐 마음은 안 바꿉니다.

그들의 마음은 여전히 세상의 쾌락을 사랑하고 돈과 명예와 권력을 좇습니다. 세상에서 즐기던 자기의 모든 삶을 기독교라는 종교의 세계로 옮겨서 그대로 추구하는 것에 불과합니다.

소위 성공한 목회자는 어떤 사람을 지칭합니까? 교인들 많이 끌어모아서 대형 교회를 이룬 자들이 아닙니까? 그들은 대단한 존경을 받고 치외법권의 권력을 누립니다. 수천억 원짜리 예배당을 지어서 그 안에서 왕 노릇 하지 않습니까? 그들은 재벌 기업의 회장보다 더 존경받고 교인들의 절대적인 순종을 강요하며 더 안정적으로 부와 명예와 권력을 누립니다.

그런 곳이 바로 기독교라는 종교의 세계입니다. 그들은 모든 것을 버리고 주님을 좇은 자들이 아닙니다. 모든 것을 다 가지고 주님을 좇는 척하면서, 외형의 패러다임만 바꾼 자들입니다. 그런 자들은 회개해야 합니다. 주님께서는 그런 자들을 부르시지 않습니다.

레위는 모든 것을 버리고 주님을 좇아간 사람입니다. 여전히 사람들의 평판이나 세상의 재물이나 명예나 권력 같은 것들이 마음속에 우상으로 자리 잡고 있는 이들은 마음의 패러다임을 바꾼 레위의 근처에도 못 가는 자들입니다. 낧은 기독교인들이 자기의 외형적인 패러다임만 바꾸고 만족하는 것이 참으로 안타깝습니다. 그런 자들은 단지 종교인일 뿐, 하나님의 백성이 아닙니다.

자칭 의인들은 죄 사함을 받을 수 없습니다

"바리새인과 저희 서기관들이 그 제자들을 비방하여 가로되 너희가 어찌하여 세리와 죄인과 함께 먹고 마시느냐 예수께서 대답하여 가라사대 건강한 자에게는 의원이 쓸데 없고 병든 자에게라야 쓸데 있나니 내가 의인을 부르러 온 것이 아니요 죄인을 불러 회개시키러 왔노라"(눅 5:30-32).

레위가 세리장 이임 잔치를 열었더니, 자칭(自稱) 의인(義人)인 바리새인들이 시비를 걸었습니다. 그러나 예수님은 자칭 의인들을 부르시지 않습니다.

건강한 사람은 의사를 찾아갈 일이 없습니다. 병든 자라야 의원이 절실하게 필요하며 의원을 믿고 의지합니다. 예수님은 영혼의 의사입니다. 우리 영혼의 질병인 죄의 병(sin sickness)은 모든 병 중에서 가장 무섭고 무거운 병입니다. 그 병 때문에 죄인은 지옥에 가게 됩니다.

육신의 죽음은 아무것도 아닙니다. 영적인 죽음, 즉 둘째 사망이 제일 끔찍하고 무서운 심판입니다. 그것은 영원한 지옥 불에 떨어지는 저주인데, 그런 하나님의 심판을 받는 이유는 죄입니다. 그런데 죄의 병을 고쳐 주실 수 있는 분은 예수님밖에 없습니다. 자기의 죄 때문에 두렵고 괴로운 사람이라야 죄의 병을 고쳐 주실 영혼의 의사를 간절히 바라고 찾게 됩니다.

하지만 바리새인들은 자칭(自稱) 의인들입니다. 그들은 마음에 죄가 있으면서도 거룩한 척, 의로운 척하는 일등주의자(一等主義者)들입니다. 다른 이들과 외견상으로 비교해 볼 때에 자기들이 가장 거룩하고 의롭다고 자부하는 자칭 의인들은 영혼의 의사이신 예수님께서 부르셔도 응답하지 않습니다. 사실 예수님께서는 쓸데없는 일인 줄 아시기에, 그런 자를 부르지도 않습니다.

일등주의를 지향(志向) 하는 기독죄인(基督罪人)들

종교화된 기독교는 일등주의자들이 모여서 서로 경쟁하고 시기하는 베데스다 못가와 같습니다. 베데스다 못가는 기도, 헌금, 금식, 구제, 선교, 순종, 설교 등등 각 분야의 일등주의자들이 잔뜩 모여서 눈이 벌겋도록 치열하게 경쟁하는 세계입니다. "베데스다 못이 움직이기만 하면 내가 일등(一等)으로 들어가리라" 하는 각오로 똘똘 뭉친 일등주의자들이 점령한 곳이 기독교입니다.

그런데 예수님은 베데스다 못가에 가시긴 하셨지만 일등주의자들에게는 눈길 한 번 주시지 않았습니다. 주님은 저 뒤편에서 홀로 신음하며 누워 있었던 38년 된 병자만을 만나 주셨습니다. "주님, 저는 아무것도 할 수가 없습니다. 다른 사람들에 비하면 저는 죄인 중에 괴수입니다. 저는 만물보다 심히 거짓되고 부패한 자입니다. 주님께서 저를 구원해 주시지 않으면 도저히 구원받을 수 없는 꼴찌입니다." 주님은 그렇게 고백하며 구원을 간절히 바라는 꼴찌들을 만나 주십니다.

오늘날의 기독교인들은 하나님의 말씀과는 정반대의 신앙생활을 하고 있습니다. 일등주의자들이 모여서 자기가 최고라고 자랑하며 간증하고 돌아다닙니다. 만물보다 거짓되고 심히 부패한 자들이 할 말이 뭐가 그리도 많습니까? 정직한 자는 자기가 얼마나 죄 덩어리인지를 하나님 앞에 진솔하게 고백합니다.

사도 바울도 율법을 제대로 몰랐을 때에는 자기가 일등이었더니, 율법을 법대로 깨닫고 율법이 요구하는 절대적 수준의 거룩함에 자기를 비춰 보았더니, 자기는 지옥에 가야 마땅한 자라고 고백했습니다. 주님은 여자를 보고 음욕을 품은 자마다 이미 마음으로 간음했다고 말씀하십니다. 형제를 미워한 자는 살인한 자이고, 탐심은 우상 숭배입니다. 그러니 정직한 사람은 자기가 얼마나 더럽고 가증한 **"행악의 종자"**(사 1:4)인지를 인정합니다.

그런 사람은 바울처럼, **"오호라 나는 곤고한 사람이로다 이 사망의 몸에서 누가 나를 건져 내랴"**(롬 7:24) 하고 고백합니다. 그렇게 자기의 추악함을 솔직하게 시인하는 자라야 주님을 만나서, **"물과 피로 임하신"**(요일 5:6) 예수님께서 완성하신 하나님의 의를 믿음으로 죄 사함을 받고 하나님의 거룩한 백성이 됩니다.

바리새인들은 자기들이나 요한의 제자들은 금식을 하는데 왜 당신의 제자들은 금식을 하지 않느냐고 예수님께 시비를 걸었습니다. 금식을 해야 할 때에는 금식을 해야 합니다. 기독죄인(基督罪人)들이 금식하면서 제일 먼저 구해야 할 것은 천국에 갈 수 있도록 거듭나게 해 달라고 간구해야 합니다. 죄가 있는 자는 천국에 들어가지 못합니다.

진리의 원형복음을 믿는 우리는 죄 사함 받고 하나님 앞에 의인으로 거듭났습니다. 그러니까 주님을 만나서 거듭난 사람들은 날마다 안식을 누리며 영적인 잔치를 합니다. **"이미 믿는 우리는 저 안식에 들어가는도다"**(히 4:3)라고 말씀하신 바와 같이 거듭난 우리는 날마다 안식일이고 날마다 명절입니다. 그러나 아직 거듭나지 못한 죄인들은 금식해야 합니다. 내 마음의 모든 죄를 씻어 달라고 애통하며 금식하고 기도해야 합니다.

"너희가 믿음에 있는가 너희 자신을 시험하고 너희 자신을 확

중하라 예수 그리스도께서 너희 안에 계신 줄을 너희가 스스로 알지 못하느냐 그렇지 않으면 너희가 버리운 자니라"(고후 13:5).

여러분의 마음에 예수님이 계시려면 죄가 없어야 합니다. 하나님은 거룩하시기에 죄와 함께 계실 수 없습니다. 우리 마음은 하나님의 성전(聖殿)입니다. 거룩한 성전에 더러운 죄가 있을 수 없습니다. 여러분의 마음에 죄가 있다면 그리스도께서 여러분 마음에 계실 수 없습니다. 하나님은 **"너희 죄가 주홍 같을지라도 눈과 같이 희어지리라"**라고 약속하셨고, 성자 예수님을 보내셔서 그 약속을 온전히 이루셨습니다.

그러나 오늘날 기독교를 뒤덮고 있는 가라지의 복음을 믿어서는 결코 마음의 죄가 흰 눈같이 깨끗하게 없어질 수가 없습니다. "나는 구원받은 죄인입니다"라고 대부분의 기독죄인(基督罪人)들이 고백합니다. 그런 희한한 존재는 없습니다. 하나님 앞에는 죄인과 의인, 딱 두 부류의 사람들만 존재합니다. 마지막 때 예수님께서 오셔서 최후의 심판을 하실 때에 양과 염소를 가르듯이 의인과 죄인을 나누시고, 의인들은 영생에 죄인들은 영벌에 들어가게 하십니다.

호박에 까만 줄을 친다고 수박으로 변합니까? 1-1=0입니다. 진리는 너무 분명하고 단순합니다. 우리는 근본 지옥에 갈 수밖에 없는 죄인인데, 예수님께서 이 땅에 오셔서 물과 피로, 인류의 대표자에게 받으신 세례와 십자가의 피로, 우리의 모든 죄를 깨끗이 없애 주셨기 때문에 우리는 죄가 없는 의인이 되었습니다. 그런데 하나님의 의를 모르는 이들은 1-1=1이라고 주장하니까, 거기서부터 많은 거짓된 교리가 생겨났습니다.

여러분은 세리장 레위(마태)처럼 모든 것을 버리고 오직 주님의 영광만을 위해서 주님을 좇고 있습니까? 마태와 같이 자기 마음의 패러다임을 전환한 자들은 복이 있습니다. 그런 자들은 주님께서 다스리시는 영원한 생명의 나라를 상속할 것입니다.

새 마음을 가져야 구원을 받습니다

"또 비유하여 이르시되 새 옷에서 한 조각을 찢어 낡은 옷에 붙이는 자가 없나니 만일 그렇게 하면 새 옷을 찢을 뿐이요 또 새 옷에서 찢은 조각이 낡은 것에 합하지 아니하리라

새 포도주를 낡은 가죽 부대에 넣는 자가 없나니 만일 그렇게 하면 새 포도주가 부대를 터뜨려 포도주가 쏟아지고 부대도 버리게 되리라

새 포도주는 새 부대에 넣어야 할 것이니라

묵은 포도주를 마시고 새 것을 원하는 자가 없나니 이는 묵은 것이 좋다 함이니라"(눅 5:36-39).

오늘의 본문에 나오는 "낡은 옷"이나 "낡은 가죽 부대"는 우리의 고정 관념이나 옛 종교의 틀을 의미합니다. 사도 바울은 거듭난 의인들을 "지식에까지 새롭게 하심을 입은 자"(골 3:10)라고 언급했습니다. 우리의 묵은 지식이나 고정 관념으로 지어진 사고의 틀은 새 포도주인 진리의 복음을 받아들이는 데 큰 방해가 됩니다. 그런 것들은 다 폐기 처분해야 합니다.

묵은 생각들을 폐기 처분할 때에는 아낌없이 과감하게 버려야 합니다. 예수님께서 "천국은 마치 밭에 감추인 보화와 같으니 사람이 이를 발견한 후 숨겨 두고 기뻐하여 돌아가서 자기의 소유를 다 팔아 그 밭을 샀느니라"(마 13:44)고 말씀하셨습니다. 죄 사함을 받고 영생에 들어가게 하는 천국 복음을 만났거든, 지금껏 자기가 가지고 있었던 옛 생각, 옛 복음, 옛 종교, 옛 인간관계 등등을

과감하게 내버려야만 새 생명을 얻을 수 있습니다.

낡은 부대와 같은 옛 종교의 마을을 떠나야

하나님께서는 아브라함에게, "너는 너의 본토 친척 아비 집을 떠나 내가 네게 지시할 땅으로 가라"(창 12:1)고 말씀하셨습니다. 우리가 하나님의 축복의 땅에 들어가려면, 옛 종교의 마을을 떠나야 합니다. 그래야만 하나님의 말씀으로 인도를 받고 그 말씀의 능력으로 거듭날 수 있습니다.

"또 비유하여 이르시되 새 옷에서 한 조각을 찢어 낡은 옷에 붙이는 자가 없나니"(눅 5:36).

옷은 영적으로 의(義)를 의미합니다. 아담이 범죄한 후에 무화과 나뭇잎으로 옷을 지어 입었습니다. 무화과 나뭇잎 옷은 인간의 의를 상징합니다. 사람의 의로는 결코 죄를 가릴 수 없습니다. 인간의 의로 자기의 수치를 가리려는 것은 종교의 행위입니다. 오직 어린양이 희생되어서 만들어진 가죽옷만이 죄를 완전하고 영원히 가려 줍니다. 하나님께서 아담과 하와에게 입혀 주셨던 가죽옷은 하나님의 의(the righteousness of God)를 의미합니다.

하나님의 의는 완전하고 영원하게 우리의 죄를 없애 주었습니다. 누구든지 자기가 지옥에 가야 마땅한 자라고 인정하고, 예수님께서 받으신 세례와 십자가의 피로 완성하신 원형의 복음을 믿으면 하나님의 의를 옷 입고 거룩하게 되어 하나님의 자녀로 거듭납니다. "누구든지 그리스도와 합하여 세례를 받은 자는 그리스도로 옷 입었느니라"(갈 3:27).

그런데 원형의 복음을 듣고서, 그 진리의 복음에서 일부를 찢어

다가 거짓된 반쪽짜리 복음의 옷에 덧붙여 입으려는 자들이 있습니다. 헌 옷을 수선해서 입겠다고 새 옷에 구멍을 내는 자는 어리석은 자입니다. 그렇게 하면 새 옷도 헌 옷도 다 망가집니다. 헌 옷은 아낌없이 버려야 합니다. 당신은 십자가의 피만의 복음을 믿어서 마음의 죄가 흰 눈같이 씻어졌습니까? 그렇게 오랫동안 십자가의 피를 의지하고 믿었지만 마음의 죄는 그저 있지 않습니까?

그런데 우리의 모든 죄를 단번에 흰 눈같이 씻어 주는 물과 피의 복음을 믿으면, 우리는 단번에 죄 사함을 받고 거룩한 하나님의 자녀가 됩니다. 그런즉 헌 옷과 같은 반쪽짜리 복음은 빨리 쓰레기통에 버리고 기쁨으로 새 옷을 입어야 합니다.

"새 포도주를 낡은 가죽 부대에 넣는 자가 없나니 만일 그렇게 하면 새 포도주가 부대를 터뜨려 포도주가 쏟아지고 부대도 버리게 되리라"(눅 5:37).

새 포도주는 새 언약, 즉 천국 복음입니다. 오직 믿음으로 영생을 얻는 기쁜 소식은 새로운 마음에만 담을 수 있습니다. **"가죽 부대"**는 우리의 생각과 관념의 틀을 의미합니다. 사람의 보편적인 관념의 틀은 두 가지의 확신으로 지어져 있습니다.

첫 번째 확신은 인과응보(因果應報)의 원리입니다. 사람들은 흥부처럼 착하게 살면 복을 받고 놀부처럼 악을 행하면 벌을 받는다고 믿습니다. 영적인 세계에도 그런 관념이 그대로 지배하고 있습니다. 그래서 기독교인들은 율법을 지키고, 가난한 사람들을 도와주고, 공로를 많이 쌓으면 천국에 간다고 생각합니다.

그것은 진리가 아닙니다. **"죄의 삯은 사망"**(롬 6:23)입니다. 천국에 가려면 죄가 없어야 합니다. 그런데 대부분의 기독교인들이 마음에 죄가 있습니다. 그래서 그 죄를 가려보려고 부지런히 선행을 하고 회개 기도를 드립니다.

회개 기도를 드리면 정말로 죄가 없어집니까? 절대로 그렇지 않다는 사실을 여러분도 인정할 것입니다. 성경은 **"피 흘림이 없은 즉 사함이 없느니라"**(히 9:22)고 말씀합니다. 죄는 피(생명)로 대가를 치뤄야만 사해집니다. 예수님께서 인류의 대표자인 세례 요한에게 안수의 형식으로 세례를 받으심으로 인류의 모든 죄를 짊어지셨기 때문에, 예수님께서 십자가에서 흘리신 피가 바로 내 죄를 속하신 피가 되었습니다. 물과 피로 임하신 주님의 구원의 사역, 즉 받으신 세례와 십자가의 피로 완성하신 하나님의 의가 우리를 죄와 상관없는 의인으로 거듭나게 했습니다.

그런데 기독교인들은 인과응보의 원리에 사로잡혀서 가인의 제사를 드리고 있습니다. 가인은 땅의 소산으로 제사를 드렸습니다. 땅의 소산은 자기 육신의 공로를 의미합니다. 사람이 선행과 희생과 봉사를 해서 하나님께 들고나가면, 하나님께서 그것들을 열납(悅納) 하실까요? 인간의 의는 더러운 옷과 같습니다(사 64:6). 가인의 제사는 하나님께서 받지 않으십니다. 하나님께서는 오직 예수님을 계시하는 양의 첫 새끼와 그 기름으로 드린 아벨의 제사를 열납(悅納) 하십니다.

다수(多數)가 옳다는 편견에서 벗어나야

사람들의 고정 관념을 구성하는 두 번째 요소는 다수결의 원리입니다. 사람들은 "다수가 옳다"라는 편견을 가지고 있습니다. 그래서 많은 사람이 지지하는 노선이 옳은 길이라고 확신합니다.

그러나 예수님은 그 반대의 말씀을 하셨습니다. **"좁은 문으로 들어가라 멸망으로 인도하는 문은 크고 그 길이 넓어 그리로 들어가는 자가 많고 생명으로 인도하는 문은 좁고 길이 협착하여 찾는 이가 적음이니라"(마 7:13-14). 구약의 말씀도 "다수를 따라 악을 행하지 말며 송사에 다수를 따라 부정당한 증거를 하지 말며"(출 23:2)라고 기록하고 있습니다.

오늘날 절대다수의 기독교인들은 예수님의 십자가의 피만 믿습니다. 그들은 다수의 편견을 좇아 십자가의 피만의 복음이 진리라고 확신합니다. 그런데 그런 반쪽짜리 복음을 믿은 결과, 그들은 기독죄인(基督罪人)으로 남아 있습니다. 예수님을 믿어도 죄가 있으면 지옥 갑니다. 그렇다면 기독죄인들은 자기의 믿음이 뭔가 잘못되었다고 스스로 생각해 봐야 할 것이 아닙니까?

다수가 믿고 지지하는 것이면 무조건 진리입니까? 아닙니다. 진리는 **"수에도 칠 가지가 없는"**(사 2:22) 사람의 다수에 의해서 결정되는 것이 아닙니다. 진리는 하나님의 말씀뿐입니다. 진리는 단순하고 명료합니다. 진리의 말씀 앞에서 자기가 정직하게 생각해 봐야 합니다.

"죄의 삯은 사망"(롬 6:23)입니다. "내가 지금 마음에 죄가 있나, 없나? 죄가 있어도 천국에 갈 수 있나? 내가 지금 넓은 길로 가고 있는 자인가 아니면 좁은 길로 가고 있는 자인가?" 생명에 이르는 길은 그 문이 작고 그 길은 좁습니다. 그래서 찾는 자가 희귀합니다. 많은 사람이 믿는 길이 생명의 길인 줄 압니까? 그렇지 않습니다.

이탈리아의 천문학자인 코페르니쿠스나 갈릴레오는 망원경으로 천체와 지평선을 관찰하다가 지구는 둥글고 지구가 태양 주위를 돈다는 엄청난 반전의 사실을 발견했습니다. 당시 전 세계 인구가

10억이라고 가정하면, 이 두 사람을 빼놓고 999,999,998명이 지구는 평평하며, 태양이 매일 동쪽에서 떠서 서쪽으로 진다고 철석같이 믿었습니다.

그래서 갈릴레오는 마귀가 들렸다는 판결을 받고 화형에 처해질 뻔했습니다. "이 미친놈아! 태양이 동쪽에서 떠서 서쪽으로 지는 것을 네 눈으로 똑똑히 보고 있지 않느냐? 태양이 지구 주위를 도는 것이지 어디 지구가 태양 주위를 도느냐?" 하고 모든 사람들이 갈릴레오를 조롱했을 것입니다.

이렇게 사람들은 인과응보(因果應報)의 원리와 다수(多數)가 진리라는 편견에 사로잡혀 있습니다. 그렇게 지어진 마음보가 낡은 가죽 부대입니다. 낡은 가죽 부대를 찢어 버리고 마음을 새롭게 해야 새 포도주처럼 생명이 넘치는 진리의 복음을 담을 수 있습니다.

인간의 생각은 항상 악합니다. 하나님 말씀으로만 지어진 새로운 마음보를 가져야 합니다. 하나님 말씀이 옳다면 그것을 마음에 담는 마음의 자세가 새 부대입니다. **"베뢰아 사람들은 데살로니카 사람들보다 신사적이어서 말씀을 듣고 그것이 그러한가 날마다 상고함으로 그중에 믿는 사람이 많고"**(행 17:11-12)라는 말씀에 기록된 베뢰아 사람들이 바로 새 마음보를 가진 사람들입니다.

기독죄인(基督罪人)들의 착각

대부분의 기독교인들은 십자가의 피만 믿고 있습니다. 그들은 자기의 죄가 예수님께 넘어간 증거의 말씀을 모르거나 알려 주어도 믿지 않기 때문에, 기독죄인으로 남을 수밖에 없습니다. 마음에 죄가 있는 기독죄인들은 칭의(稱義) 교리나 성화(聖化) 교리를 의지해서 자기들이 천국에 갈 수 있다고 착각하고 있습니다. 그러나 죄인은 반드시 지옥에 떨어집니다. 죄가 전혀 없는 거룩한 의인들만 천국에 갑니다.

"그러면 우리가 지금까지 믿었던 십자가의 피만의 복음이 가짜란 말이냐?" 예! 가짜입니다. 그것은 반쪽짜리 복음이고 우리 마음의 죄를 흰 눈같이 씻어 줄 수 없는 사이비(似而非) 복음입니다. 진리의 복음은 **"성령과 물과 피가 합하여 하나"**(요일 5:8)인 복음입니다. 그것이 성경대로의 복음이며 원형의 복음입니다.

구약의 속죄 제사는 1) 흠 없는 제물, 2) 안수(죄를 넘김), 3) 피 흘림(대속의 죽음)이라는 세 가지가 요건이 충족되어야만 하나님께서 열납(悅納) 하셨습니다. 그중에서 안수를 빼 버리고 제사를 드렸다면, 그것은 하나님께서 가증하게 여기는 불법(不法)의 제사입니다.

예수님께서는 **"두루마리 책(구약)에 나를 가리켜 기록한 것과 같이 하나님의 뜻을 행하러"**(히 10:7) 이 땅에 오셨습니다. 예수님은 하나님의 아들이 육신을 입고 이 땅에 오신 흠 없는 제물입니다. 흠 없는 어린양이 인류의 대표자인 세례 요한에게 안수를 받아서 인류의 죄를 다 담당하셔서, **"세상 죄를 지고 가는 하나님의 어린양"**(요 1:29)이 되셨습니다. 받으신 세례로 세상 죄를 짊어지신 예수님은 십자가에 못 박혀서 당신의 모든 피를 쏟으시고 **"나 이루었다"**(요 19:30)라고 외치신 후 돌아가시기까지 우리의 모든 죄를 도말(塗抹) 하셨습니다.

이것이 세례와 십자가의 복음입니다. 이 원형의 복음을 전파한 사도 바울은, **"누구든지 예수 그리스도와 합하여 세례를 받은 자들은 그리스도로 옷 입었느니라"**(갈 3:27)고 선포했습니다. 예수님의 세례를 믿음으로 예수님 안에 들어간 자라야 예수 그리스도의 의, 완전히 거룩한 하나님의 의를 옷 입습니다.

좁은 문으로 들어가는 자들은 희귀합니다

그런데 안타깝게도 이 온전한 진리의 복음을 믿는 자는 아주 희귀합니다. 그들은 좁은 문으로 들어가서 협착한 길로 가는 자들입니다. 인과응보의 원리와 다수(多數)의 편견이 영적인 세계에서는 큰 폐단입니다. 그런 고정 관념과 편견으로 지어진 낡은 가죽 부대에는 결코 진리의 복음을 담을 수 없습니다. 우리가 잘 아는 격언 중에 "우물 안 개구리"라는 말이 있습니다. 우물 안에서 태어나서 넓은 바깥 세상을 본 적이 없는 개구리는 우물 안이 자기가 아는 세계의 전부입니다.

사람의 생각은 얼마든지 잘못된 지식으로 굳어질 수 있습니다. 밤하늘의 별을 바라보세요. 우리 은하계의 별 중에서 지구에서 가장 먼 별은 약 7만 5천 광년 떨어져 있습니다. 따라서 지금 내가 그 별을 보고 있다면, 그것은 내가 약 7만 5천 년 전의 그 별을 보고 있는 것입니다. 지구에서 가장 가까운 은하계(galuxy)는 안드로메다 은하계입니다. 우리가 지금 망원경으로 보고 있는 안드로메다 갤럭시의 별들은 약 250만 년 전의 별들입니다. 우리와 안드로메다 은하계의 거리가 250만 광년이기 때문입니다.

자기가 눈에 보이는 것 또는 많은 사람들이 가지고 있는 통념이 진리라고 여기는 생각의 틀 자체를 깨뜨려 버려야 합니다. "많은 사람들이 예수님을 믿고도 죄가 있는데, 그 사람들이 다 지옥 간다는 말이냐?" 하고 항변하고 싶을 것입니다. 예, 죄인은 반드시 지옥에 갑니다. **"죄의 삯은 사망"**(롬 6:23)이기 때문입니다. 하나님의 말씀만이 진리입니다.

진리의 말씀으로 지어진 마음이 새 부대입니다. 새 부대에만 진리의 복음을 담을 수 있습니다. 하나님을 경외하고 자기 생명을 귀하게 여기는 사람이라면, 천하를 다 잃을지라도 생명의 복음을 새 마음에 담아 영생을 얻습니다. 사람이 천하를 다 얻고도 자기 생명을 잃으면 무슨 소용이 있겠습니까?

십자가의 피만의 복음이 진리인 줄 압니까? 절대다수가 그렇게 믿을지라도 성경은 그렇게 말씀하지 않습니다. **"성경대로의 복음"**은 **"물과 피의 복음"**입니다(고전 15:3-4, 요일 5:6-8).

진리의 원형복음을 자기의 마음에 담으려면, 편견과 고집으로 지어진 옛 마음보를 폐기 처분해야 합니다. 오직 하나님의 말씀만이 진리라는 확신으로 마음을 새롭게 해야 됩니다. 그러면 주님께로부터 **"지식에까지 새롭게 하심"**(골 3:10)을 받게 됩니다.

안식일의 주인께서 기뻐하시는 일

"안식일에 예수께서 밀밭 사이로 지나가실째 제자들이 이삭을 잘라 손으로 비비어 먹으니

어떤 바리새인들이 말하되 어찌하여 안식일에 하지 못할 일을 하느뇨

예수께서 대답하여 가라사대 다윗이 자기와 및 함께한 자들이 시장할 때에 한 일을 읽지 못하였느냐

그가 하나님의 전에 들어가서 다만 제사장 외에는 먹지 못하는 진설병을 집어 먹고 함께한 자들에게도 주지 아니하였느냐

또 가라사대 인자는 안식일의 주인이니라 하시더라

또 다른 안식일에 예수께서 회당에 들어가사 가르치실째 거기 오른손 마른 사람이 있는지라

서기관과 바리새인들이 예수를 송사할 빙거를 찾으려 하여 안식일에 병 고치시는가 엿보니

예수께서 저희 생각을 아시고 손 마른 사람에게 이르시되 일어나 한가운데 서라 하시니 저가 일어나 서거늘

예수께서 저희에게 이르시되 내가 너희에게 묻노니 안식일에 선을 행하는 것과 악을 행하는 것 생명을 구하는 것과 멸하는 것 어느 것이 옳으냐 하시며

무리를 둘러 보시고 그 사람에게 이르시되 네 손을 내밀라 하시니 저가 그리하매 그 손이 회복된지라

저희는 분기가 가득하여 예수를 어떻게 처치할 것을 서로 의논하니라"(눅 6:1-11).

하나님께서는 **"엿새 동안은 일할 것이나 제 칠일은 큰 안식일이니 여호와께 거룩한 것이라 무릇 안식일에 일하는 자를 반드시 죽일찌니라"**(출 31:15)고 말씀하셨습니다.

그런데 유대교의 지도자들은 안식일에 지켜야 할 많은 규례들을 정해 놓고, 자기들이 안식일의 주인 행세를 했습니다. 그들은 "안식일에 진흙 일을 하지 말 것이며, 2,000 걸음 이상 걷지 말 것이며, 화덕에 불도 때지 말 것이며" 등등의 규례들을 제정해서 이스라엘 백성들이 지키도록 가르쳤습니다.

바리새인들과 서기관들은 자기들이 안식일을 주관하는 주인으로 여겼기 때문에, 안식일 규례를 지키지 못하는 자들을 정죄했습니다. 그들은 예수님과 그 제자들이 안식일에 밀 이삭을 비벼 먹은 것을 빌미로 "예수님과 그 제자들이 안식일에 일을 했다"라고 정죄(定罪) 하고 문제를 삼았습니다.

안식일 규례를 세우신 하나님의 참뜻

안식일은 "하나님께서 우리들에게 영원한 안식을 주신 은혜를 기억하라"라고 세워 주신 기념일입니다. 하나님께서는 창조의 엿새 동안 모든 일을 마치시고 제 7일에는 안식하셨습니다. 그리고 모든 인생들도 엿새 동안은 땀 흘려 일을 하고 일곱째 날에는 일을 하지 말고 쉬라고 명하셨습니다. 안식일의 규례는, 하나님께서 우리의 모든 죄를 완벽하게 없애 주셨으니, 매 7일마다 일을 하지 말고 쉬면서 하나님께서 행하신 구원의 은혜를 기억하고 믿으라고 세워 주신 기념일입니다.

**"일하는 자에게는 그 삯을 은혜로 여기지 아니하고 빚으로 여기거니와 일을 아니할찌라도 경건치 아니한 자를 의롭다 하시는 이를 믿는 자에게는 그의 믿음을 의로 여기시나니 일한 것이 없이 하나님께 의로 여기심을 받는 사람의 행복에 대하여 다윗의 말한 바 그 불법을 사하심을 받고 그 죄를 가리우심을 받는 자는 복이 있고 주께서 그 죄를 인정치 아니하실 사람은 복이 있도다 함과 같으니라"(롬 4:4-8).

이 말씀에서, "일하는 자"란 구원을 얻기 위해서 율법을 지키는 일을 하는 자를 의미합니다. 바리새인들과 서기관들은 율법을 철저히 지키려고 노력했습니다. 그들은 안식일에 2,000 걸음 이상 걷지 말라, 화덕에 불을 때지 말라, 진흙 이기는 일을 하지 말라, 곡식 터는 일을 하지 말라, 너희 소나 양떼도 쉬게 하라 등등의 안식일 규례들을 만들고 철저하게 지켰습니다. 그들은 그런 규례들을 철저히 지킨 것으로 자기들의 자부심을 삼고, 그런 규례를 지키지 못하는 자들을 멸시하며 정죄했습니다.

그런데 주님은 율법을 철저하게 지킨 대가로 구원을 얻는다면 그런 구원은 은혜(선물)가 아니라 삯(보상)에 불과하다고 말씀하셨습니다. "내가 하나님 앞에서 율법을 철저히 지키고 선한 일을 많이 했으니 하나님께서 나를 구원해 주시겠지!" 하는 생각은 인과응보(因果應報)의 원리에 입각한 인간의 논리입니다.

그런데 율법을 열심히 지켜서 영원한 생명을 얻을 사람은 결코 없습니다. 영원한 천국에 들어가는 구원은 마음에 죄 사함을 받아야만 얻을 수 있습니다. 구원 또는 구속은 죄 사함으로 말미암는 것입니다.

"죄 사함으로 말미암는 구원"(눅 1:77), "그 아들 안에서 우리가 구속 곧 죄 사함을 얻었도다"(골 1:14), "우리가 그리스도 안에서 그의 은혜의 풍성함을 따라 그의 피로 말미암아 구속 곧 죄 사함을 받았으니"(엡 1:7) 등의 말씀들은 누구든지 마음의 모든 죄를 흰 눈같이 사함을 받고 의인이 되어야 구원을 받는다는 뜻입니다. 마음에 죄가 있는 죄인은 아직 구원을 받지 못한 자이고, 죄인은 하나님의 안식에 들어갈 수 없습니다.

의인의 하나님

하나님은 의인의 하나님입니다. 아브라함의 하나님 이삭의 하나님 야곱의 하나님, 즉 **"하나님은 죽은 자의 하나님이 아니요 산 자의 하나님"**(막 12:27)입니다. 하나님은 죄인, 즉 죽은 자의 하나님이 아닙니다. 하나님은 죄 사함을 받아서 영생을 얻은 의인의 하나님입니다.

그런데 많은 기독교인들이 착각을 하고 있습니다. 그들은 예수님을 자기의 구주로 믿는다고 고백하면서도 마음에 죄 사함을 받지 못한 죄인으로 남아 있습니다. 이는 그들이 믿는 복음이 반쪽짜리 불법의 복음이기 때문입니다. 그래서 그들은 마음의 죄를 어떻게 하든지 가려보려고, 아담처럼 부지런히 무화과 나뭇잎 옷으로 치마를 지어 입습니다.

마음에 죄가 있는 사람은 선한 일에 매진할 수밖에 없습니다. 그들은 착하게 살아야 하고, 율법을 지켜야 하고, 힘에 부치도록 희생과 봉사를 해야 겨우 마음에 위안을 받습니다. 그러나 그런 일을 한다고 해서 참된 안식을 누리지는 못합니다. 아무리 일을 해도 안식을 누리지 못하는 것은 그들의 마음에 죄가 있기 때문입니다. 죄의 짐이 자기의 마음을 무겁게 짓누르는데 어떻게 안식을 누리겠습니까?

대부분의 기독교인들은 마음에 죄가 있습니다. 그들은 예수님께서 인류의 대표자인 세례 요한에게 안수의 방법으로 세례를 받으셨을 때에 자기의 모든 죄와 허물이 예수님께로 다 넘어갔다는 증거의 말씀을 믿지 않습니다. 그들은 **"물과 피로 임하신 자니 곧 예수 그리스도"**(요일 5:6)께서 인류의 죄를 단번에 영원토록 없애 주셨다는 진리의 복음을 믿지 않습니다. 그들은 오직 십자가의 피만의 복음을 믿기 때문에, 자기의 죄가 예수님께로 넘어간 증거의 말씀이 없습니다. 그 결과 자기의 죄는 그대로 마음 안에 남아 있을 수밖에 없습니다.

예수님께서 세례 요한에게 안수의 형식으로 받으신 세례가 복음의 시작입니다. 그래서 4복음서가 모두 예수님께서 받으신 세례를 기점(起點)으로 삼아 주님의 구원 사역을 전개하고 있습니다.

예수님은 세례 요한에게 세례를 베풀라고 요청하시면서, **"이제 허락하라 우리가 이와 같이 하여 모든 의를 이루는 것이 합당하니라"**(마 3:15)고 말씀하셨습니다. **"그 세례"**(행 10:37)로 세상의 모든 죄가 예수님께로 넘어갔기에, 주님은 세례를 받으신 이튿날에 **"보라 세상 죄를 지고 가는 하나님의 어린양이로다"**(요 1:29)라는 증거를 세례 요한에게 받으셨습니다.

받으신 세례로 세상 죄를 짊어지신 예수님은 십자가에 못 박혀서, **"다 이루었다"**(요 19:30) 하시기까지 흘리신 당신의 보혈로 인류의 모든 죄의 대가를 완벽하게 지불해 주셨습니다. 예수님께서 일방적으로 완벽하게 세상 죄를 없애 주셨습니다. 우리가 죄 사함을 받고 죄와 상관없는 자가 된 것은 전적으로 **"물과 피로 임하신"** 예수님의 덕분입니다.

우리는 진리의 복음을 믿음으로 의로워집니다. 믿음은 성경에 기록된 사실을 확인하고 확신하는 것입니다. **"일을 아니할찌라도 경건치 아니한 자를 의롭다 하시는 이를 믿는 자에게는 그의 믿음을 의로 여기시나니"**(롬 4:5)라는 말씀에서, 우리와 같이 경건치 아니한 자를 의롭다 하시는 이는 하나님입니다. 하나님께서는 죄인들이 **"물과 피의 복음"**을 믿을 때에 의롭다고 인정하십니다.

저는 원형복음의 은혜를 믿어서 죄 사함을 받았습니다. 저는 마음에 죄가 전혀 없습니다. 제 마음은 흰 눈같이 깨끗해졌습니다. 저는 선한 일을 한 것이 없고 율법을 지키지 못했지만, 주님께서 우리를 이처럼 사랑하셔서 일방적으로 행하신 구원의 사역을 믿어서 죄 사함 받고 의인이 되었습니다. 그래서 저는 영원한 안식에 들어갔습니다. 진리의 복음을 믿어서 예수 그리스도 안에 들어간 자만이 진정한 안식을 심령으로 누릴 수 있습니다.

"예수께서 저희에게 이르시되 내가 너희에게 묻노니 안식일에 선을 행하는 것과 악을 행하는 것 생명을 구하는 것과 멸하는 것 어느 것이 옳으냐 하시며"(눅 6:9).

주님께서 말씀하시는 선행은 **"생명을 구하는 것"**입니다. 우리는 빵 나눠 주기 운동, 연탄 나눠 주기 운동, 펌프 박아 주기, 길거리의 노인들 데려다가 목욕을 시켜 주기, 고아 데려다가 양자를 삼아 주는 일 등을 신한 일이라고 여깁니다. 물론 그런 일도 아름다운 일이고 우리는 그런 선행도 해야 합니다.

그러나 주님께서 말씀하시는 선한 일은 죄인들이 영생의 천국에 들어갈 수 있도록 죄인들에게 진리의 복음을 전해서 그들의 모든 죄가 깨끗이 씻어지고 영원한 안식을 얻게 하는 일입니다. **"생명을 구하는"** 일, 즉 사람들에게 진리의 복음을 전해서 그들이 영원한 생명을 얻게 하는 일이 가장 선한 일입니다.

온전한 진리의 복음을 믿어서 거듭나면, 무엇이 가장 선한 일인지를 알게 됩니다. 평생 동안 빵 나눠 주기 운동을 했지만, 본인은 진리의 복음을 몰라서 기독죄인(基督罪人)으로 남아 있다면, 그런 영적 소경이 어떻게 다른 사람들을 영생으로 이끌 수 있겠습니까?

안식일의 주인은 예수님입니다. 안식일을 우리에게 완성시켜 주셨고 그 안식일을 선물로 주신 분은 예수님입니다. **"이미 믿는 우리들은 저 안식에 들어가는도다"**(히 4:3). 우리는 예수님께서 완성해 주신 영원한 안식의 복음을 믿어서 영원한 안식에 들어갔습니다. 우리는 참된 안식일의 주인 아래서 안식의 복음을 전하는, 안식일의 작은 주인들이 되었습니다.

우리의 오그라든 손을 펴게 하신 주님

예수님은 다른 안식일에 회당에 들어가셔서 한편 손이 오그라든 장애인을 고쳐 주셨습니다. 그 장애인은 우리 모두의 실상(實相)입니다. **"내 속 곧 내 육신에 선한 것이 거하지 아니하는 줄을 아노니 원함은 내게 있으나 선을 행하는 것은 없노라"**(롬 7:18). 거듭나지 못한 모든 사람들은 한편 손이 오그라든 자입니다. 우리가 죄인이었을 때에는, 선을 행하기를 원했지만 선을 행할 능력이 없었습니다.

죄인에게는 오그라든 손처럼 두 가지 특징이 있습니다. 그것은 이기심과 교만함입니다. 한편 손이 오그라든 모습은 자기의 것을 움켜쥐고 진리의 사랑을 위해서 자신의 것을 내어놓을 의사가 전혀 없다는 뜻입니다.

죄 사함을 받고 거듭난 자들도 영적으로 어리면, 여전히 옛사람의 습성에 지배를 당합니다. 아직 구습의 찌꺼기들이 남아 있어서 아주 이기적입니다. 저는 "이 형제가 복음을 믿긴 믿는데 마음의 손이 아직까지 온전히 펴지지 않았구나!" 하고 안타까울 때가 있습니다. 그러나 교회 안에서 말씀을 들으면서 자라나면 마음의 손이 펴집니다. 그러면 **"주는 것이 받는 것보다 복이 있다"**(행 20:35)라는 말씀이 성도들의 마음에 자리를 잡게 됩니다. 전에는 자기만 위하고 아무것도 내어 줄 마음이 없었는데, 철이 든 성도는 물질이나 시간을 하나님의 의를 위해서 기쁨으로 드리게 됩니다.

한편 손이 오그라든 모습은 교만과 자존심으로 닫힌 마음을 의미하기도 합니다. 거듭나지 못한 사람은 겉으로는 거룩한 표정을 짓고 있지만, 그의 마음은 자존심과 교만의 지배를 받습니다. 자기의 속마음을 꼭꼭 숨기고 내보이지를 않습니다.

우리는 자존심을 내세울 만한 존재가 아닙니다. 우리는 **"만물보다 거짓되고 심히 부패한"**(렘 17:9) 자들입니다. 그래서 "나는 이렇게 부패하고 거짓된 자입니다" 하고 자기를 내보이고, "이런 더러운 자를 주님께서 물과 피로 정결하게 해 주셨습니다"라고 증거하면, 우리는 오그라든 마음의 손을 펴고 참된 자유를 누립니다.

그런데 자기를 감추면 참된 자유와 안식을 누리지 못합니다. 한편 손 마른 자는 자존심의 병자입니다. 교만과 자존심의 병이 너무 깊어서 진리의 복음을 듣고도 자유롭지 못한 어린 심령들이 있습니다. 그러나 교회 안에서 영적으로 자라나면, 오그라진 손을 펴듯이 자기의 모습을 있는 그대로 내보이며 참된 자유와 안식을 누리게 됩니다.

"이미 믿는 우리는 저 안식에 들어가는도다"(히 4:3).

우리는 일주일에 하루만 안식일로 지내는 것이 아니라 날마다 안식일을 누립니다. 안식일에 들어간 자들은 선한 일, 즉 생명을 살리는 일을 하는 것이 즐겁습니다. 이것이 안식일을 우리에게 세워 주신 하나님의 뜻입니다.

안식일의 주인이신 예수님께서 기뻐하시는 일은, 우리들이 온전한 안식을 누리고 또 우리가 누리는 이 축복된 안식을 아직 죄가 있어서 안식을 누리지 못하고 허덕이는 자들에게 전해 주어서 그들도 이 영원한 안식에 들어오게 하는 일입니다.

의인들은 기쁨으로 자비를 베풉니다

"예수께서 눈을 들어 제자들을 보시고 가라사대 가난한 자는 복이 있나니 하나님의 나라가 너희 것임이요

이제 주린 자는 복이 있나니 너희가 배부름을 얻을 것임이요 이제 우는 자는 복이 있나니 너희가 웃을 것임이요

인자를 인하여 사람들이 너희를 미워하며 멀리하고 욕하고 너희 이름을 악하다 하여 버릴 때에는 너희에게 복이 있도다

그날에 기뻐하고 뛰놀라 하늘에서 너희 상이 큼이라 저희 조상들이 선지자들에게 이와 같이 하였느니라

그러나 화 있을찐저 너희 부요한 자여 너희는 너희의 위로를 이미 받았도다

화 있을찐저 너희 이제 배부른 자여 너희는 주리리로다 화 있을찐저 너희 이제 웃는 자여 너희가 애통하며 울리로다

모든 사람이 너희를 칭찬하면 화가 있도다 저희 조상들이 거짓 선지자들에게 이와 같이 하였느니라

그러나 너희 듣는 자에게 내가 이르노니 너희 원수를 사랑하며 너희를 미워하는 자를 선대하며

너희를 저주하는 자를 위하여 축복하며 너희를 모욕하는 자를 위하여 기도하라

네 이 뺨을 치는 자에게 저 뺨도 돌려 대며 네 겉옷을 빼앗는 자에게 속옷도 금하지 말라

무릇 네게 구하는 자에게 주며 네 것을 가져가는 자에게 다시 달라지 말며

남에게 대접을 받고자 하는대로 너희도 남을 대접하라

너희가 만일 너희를 사랑하는 자를 사랑하면 칭찬 받을 것이 무엇이뇨 죄인들도 사랑하는 자를 사랑하느니라
너희가 만일 선대하는 자를 선대하면 칭찬 받을 것이 무엇이뇨 죄인들도 이렇게 하느니라
너희가 받기를 바라고 사람들에게 빌리면 칭찬 받을 것이 무엇이뇨 죄인들도 의수히 받고자 하여 죄인에게 빌리느니라
오직 너희는 원수를 사랑하고 선대하며 아무 것도 바라지 말고 빌리라 그리하면 너희 상이 클 것이요 또 지극히 높으신 이의 아들이 되리니 그는 은혜를 모르는 자와 악한 자에게도 인자로우시니라
너희 아버지의 자비하심 같이 너희도 자비하라"(눅 6:20-36).

오늘 본문 말씀의 앞에는, 예수님께서 천국 복음을 전파하시면서 많은 병자들과 불구자들을 고쳐 주시고 귀신 들린 자들에게서 귀신을 쫓아내 주신 일들이 기록되어 있습니다. 예수님께서는 당신이 육신을 입고 오신 하나님의 아들이시며 당신의 몸으로 한 영원한 제사를 드려서 전 인류를 죄에서 구원하러 오신 메시아라는 것을 백성들이 믿게 하려고 그러한 이적들을 베푸셨습니다.

그런데 백성들은 구원의 복음에는 관심이 없었습니다. 그들은 놀라운 이적을 경험하고 빵을 배불리 얻어먹는 등 육신적인 축복에만 관심이 있었습니다. 오늘날의 기독교인들도 육신적인 동기로 예수님을 믿는 사람들이 많습니다. 예수님을 열심히 믿으면 가정이 화목하고, 무병장수(無病長壽) 하고, 자녀가 잘되고, 사업이 잘된다고 기독교인들은 믿습니다. 그들은 십일조를 잘 드리면 하나님께서 하늘의 창을 내고 몇 배로 부어 주신다고 믿습니다. 다 육신적인

동기들입니다.

그런데 우리 예수님은 우리에게 천국의 영생을 주시려고 오신 분입니다. 이 땅에서는 거지 나사로처럼 비참하게 살지라도 잠깐이면 지나가는 이생이 끝나면 영원한 세계가 열릴 것인데, 영원한 천국의 생명을 얻는 것보다 더 중요한 것은 없습니다.

구원의 대원칙

오늘의 본문 말씀의 전반부, 즉 누가복음 6장 20절부터 26절까지의 말씀은 천국의 영생을 누릴 사람과 지옥의 영벌에 들어갈 사람이 누구인지를 말씀하십니다.

"가난한 자는 복이 있나니 하나님의 나라가 너희 것임이요"(눅 6:20).

심령이 가난한 자는 복이 있습니다. 그들은 천국의 영생을 얻습니다. 이것이 구원의 대원칙입니다. 심령이 가난한 자란, 자기가 얼마나 악하고 부족하며 연약한지를 하나님 앞에서 정직하게 인정하는 자를 지칭합니다. 자기의 의가 전혀 없는 사람이 심령이 가난한 자입니다.

반대로 심령이 부요한 자란, 자기의 옳음과 잘남이 가득한 사람입니다. 자기 의의 부자(富者)들은, "하나님, 저를 보십시오. 저는 일주일에 두 번씩 금식하며, 십일조는 한 푼도 떼어먹지 않았습니다. 저는 창녀나 세리와 같지 않습니다. 저는 거룩하게 살려고 노력했습니다. 저는 모든 사람들 중에 최소한 상위 10%에는 들어갑니다. 제가 구원을 받지 못한다면 누가 구원을 받겠습니까?" 하고 자만합니다.

가인의 제사를 드리는 자들이 바로 심령이 부요한 자입니다. 가인은 땅의 소산으로 제물을 삼아 하나님께 드렸습니다. 그러나 하나님께서는 가인과 그의 제물을 열납(悅納) 하지 않으셨습니다. 땅의 소산이란 자기의 헌신이나 희생이나 봉사나 공로를 의미합니다. 자기의 의를 들고 하나님께 나아가는 자들은 종교인에 불과합니다. 예수님 시대의 바리새인들이 대표적으로 심령이 부유한 자들입니다. 오늘날의 기독교인 중에도 현대판 바리새인들이 많습니다.

대부분의 기독교인들이 예수님을 믿으면서도 구원을 받지 못한 기독죄인(基督罪人)으로 살아갑니다. 그 이유는 그들이 자기의 의를 하나님께 들고나간 가인의 길로 행하기 때문입니다. 칭의 교리와 성화 교리에 세뇌된 현대판 바리새인들은 자기 의를 쌓아서 하나님께 들고나가는 종교인의 노선을 벗어나지 못합니다.

그러나 주님 앞에서 심령이 정직하고 가난한 자들은, 자기 스스로의 노력으로는 도저히 거룩함을 이룰 수 없다는 사실을 잘 압니다. 심령이 가난한 자들은 오직 **"물과 피로 임하신"** 예수님께서 자기의 모든 죄를 온전히 없애 주신 진리의 복음을 감사하며 믿어서 죄 사함을 받습니다.

기독교인들은 "당신의 마음에 죄가 있나요?" 하고 물으면, "죄야 있지요. 우리는 구원받은 죄인입니다"라고 대답합니다. 그러나 아무리 "주여, 주여!" 해도 마음에 죄가 있는 사람은 아직 구원을 받지 못한 기독죄인(基督罪人)이며 지옥의 심판을 받을 수밖에 없습니다.

하나님 앞에서 죄가 있으면 죄인(罪人)이고 죄가 흰 눈처럼 깨끗이 씻어진 자라야 의인(義人)입니다. 의인이라야 하나님 자녀이고 천국의 영생을 얻습니다. 성경은 그리스도 예수 안에 있는 자,

즉 예수님께서 물과 피로 완성하신 하나님의 의를 옷 입은 자는 결코 정죄(定罪) 함이 없다고 선언합니다. 그러므로 마음에 정죄함이 있는 자는 그리스도 밖에 있는 자요, 하나님의 자녀가 아닙니다.

거듭난 의인의 삶

"그러나 너희 듣는 자에게 내가 이르노니 너희 원수를 사랑하며 너희를 미워하는 자를 선대하며"(눅 6:27)

이제 주님께서 진리의 복음을 듣는 자, 즉 진리의 복음을 믿어서 거듭난 의인이 어떠한 삶을 살아야 하는지를 말씀하십니다.

주님께서 당부하시는 의인의 삶은 엄청납니다. "너희 원수를 사랑하며 너희를 미워하는 자를 선대하며 너희를 저주하는 자를 위하여 축복하며 너희를 모욕하는 자를 위하여 기도하라 네 이 **뺨**을 치는 자에게 저 **뺨**도 돌려 대며 네 겉옷을 **빼앗**는 자에게 속옷도 금하지 말라 무릇 네게 구하는 자에게 주며 네 것을 가져가는 자에게 다시 달라지 말며 남에게 대접을 받고자 하는 대로 너희도 남을 대접하라 너희가 만일 너희를 사랑하는 자를 사랑하면 칭찬 받을 것이 무엇이뇨 죄인들도 사랑하는 자를 사랑하느니라"(눅 6:27-32).

죄인들은 조건적인 사랑을 합니다. 그들은 자기를 사랑하는 자만 사랑합니다. 그러나 거듭난 의인들은 예수님의 무조건적인 사랑을 입었습니다. 그래서 자기들도 하나님의 구원의 사랑을 한 사람에게라도 더 입혀 주기 위해서 무조건적인 사랑을 합니다. 진리의 복음을 믿어서 거듭난 자들은 **"서로 사랑하라"**라는 하나님의 말씀을 기쁨과 자원함으로 순종합니다.

의인들만 행할 수 있는 진리의 사랑

"너희 아버지의 자비하심 같이 너희도 자비하라"(눅 6:36).

하나님 **"아버지의 자비하심"**은 진리의 복음 안에 나타나 있습니다. 하나님 아버지는 **"만물보다 거짓되고 심히 부패한"** 우리들을 죄와 멸망에서 구원하시려고 당신의 외아들을 아낌없이 대속의 제물로 내어 주셨습니다. 육신으로 이 땅에 오신 예수님은 우리 죄를 위해서 당신의 몸으로 **"한 영원한 제사"**(히 10:12)를 드려 주셨습니다.

구약의 **"성경대로"** 드린 속죄 제사는 1) 흠 없는 제물, 2) 안수(죄를 넘김), 3) 피 흘림(제물의 죽음)이라는 세 가지 조건을 충족해야 했습니다.

흠 없는 어린양으로 오신 예수님은 하나님의 아들입니다 (성령의 증거). 예수님께서 세례 요한에게 안수의 형식으로 세례를 받으심으로 세상의 모든 죄를 단번에 짊어지셨습니다 (물의 증거). 받으신 세례로 담당한 인류의 모든 죄를 십자가의 피로써 깨끗이 갚아 주셨습니다 (피의 증거). 이 세 가지 증거가 하나를 이룬 복음이 진리의 원형복음(原形福音)입니다.

"증거하는 이가 셋이니 성령과 물과 피라 또한 이 셋이 합하여 하나이니라"(요일 5:8).

이 구원의 복음을 전해서 죄인들이 죄 사함을 받고 거듭난 의인이 되게 하는 일이 **"진리의 사랑"**(살후 2:10)입니다. 빵과 연탄을 나눠 주고 곤고한 사람들을 육신적으로 돕는 일도 아름다운 일이지만, 성경이 말씀하는 사랑, 하나님께서 기뻐하시는 사랑은 **"진리의 사랑"**입니다. 이 사랑은 아버지 하나님께서 지옥에 갈 수밖에 없었던 우리들에게 베푸신 자비(慈悲)입니다.

"너희 아버지의 자비하심 같이 너희도 자비하라"(눅 6:36).

"진리의 사랑"을 입은 자들은 지옥에 갈 비참한 죄인들에게 진리의 사랑을 베풉니다. 하나님의 자녀들은 진리의 사랑을 베풀어서 주님께서 부탁하신 새 계명을 지킵니다.

"그의 계명은 이것이니 곧 그 아들 예수 그리스도의 이름을 믿고 그가 우리에게 주신 계명대로 서로 사랑할 것이니라"(요일 3:23).

"하나님을 사랑하는 것은 이것이니 우리가 그의 계명들을 지키는 것이라 그의 계명들은 무거운 것이 아니로다"(요일 5:3).

하나님께서 우리에게 주신 새 계명은 첫째, "아들 예수 그리스도의 이름"을 믿어서 거듭나라는 명령입니다. 성경에서 "이름"은 본질이나 실체를 의미합니다. "아들 예수 그리스도의 이름"은 "물과 피로 임하신 예수 그리스도께서 완성하신 진리의 원형복음입니다. 따라서 죄인들이 새 계명을 지키려면 먼저 원형의 복음을 믿어서 거듭나야 합니다.

새 계명의 둘째 내용은, 진리의 사랑을 입고 거듭난 의인들은 그 사랑으로 서로 사랑하고 또 진리의 사랑으로 영혼들을 구원하라는 명령입니다. 이것이 거듭난 자들, 즉 의인들에게 주신 새 계명입니다. 새 계명을 지키는 자는 "너희 아버지의 자비하심 같이 너희도 자비하라"(눅 6:36)는 주님의 명령을 지키는 자입니다. 새 계명을 지키는 것은 무거운 것이 아닙니다. 거듭난 의인의 마음에 성령이 오셔서 의인들을 감화시키시고 영혼들을 구원하는 일에 자원함과 기쁨으로 자기를 드리게 하시기 때문입니다.

"관제와 같이 벌써 내가 부음이 되고 나의 떠날 기약이 가까웠도다 내가 선한 싸움을 싸우고 나의 달려갈 길을 마치고 믿음을 지켰으니 이제 후로는 나를 위하여 의의 면류관이 예비되었으므로 주 곧 의로우신 재판장이 그 날에 내게 주실 것이니 내게만 아니라 주의 나타나심을 사모하는 모든 자에게니라"(딤후 4:6-8).

사도 바울은 거듭난 후에 진리의 사랑을 베풀어서 영혼들을 구원하는 사역에 자기의 삶을 온전히 드렸습니다. 많은 핍박과 곤고를 겪으면서도 그는 항상 기뻐하며 하나님의 자비하심과 같이 자기도 자비를 베풀었습니다. 사도 바울처럼, 거듭난 의인들은 자원함과 기쁨으로 하나님의 자비를 베풉니다.

자기의 의가 충만한 현대판 바리새인들은 "**죄 사함으로 말미암는 구원**"(눅 1:77)을 받지 못하고 기독죄인으로 종교 생활을 하다가 지옥에 갑니다. 심령이 가난한 자라야 영생을 얻는 죄 사함을 받고 하나님의 자녀가 됩니다.

또 구원받은 자들은 진리의 복음을 전해서 영혼들을 구원하는 일에 자원함과 기쁨으로 자기를 드리는 것이 마땅합니다. 그것이 "**너희 아버지의 자비하심 같이 너희도 자비하라**"(눅 6:36)는 말씀을 순종하는 삶입니다.

기독죄인들은 속히
죄 사함을 받아야 합니다

"또 비유로 말씀하시되 소경이 소경을 인도할 수 있느냐 둘이 다 구덩이에 빠지지 아니하겠느냐

제자가 그 선생보다 높지 못하나 무릇 온전케 된 자는 그 선생과 같으리라

어찌하여 형제의 눈 속에 있는 티는 보고 네 눈 속에 있는 들보는 깨닫지 못하느냐

너는 네 눈 속에 있는 들보를 보지 못하면서 어찌하여 형제에게 말하기를 형제여 나로 네 눈 속에 있는 티를 빼게 하라 할 수 있느냐 외식하는 자여 먼저 네 눈 속에서 들보를 빼어라 그 후에야 네가 밝히 보고 형제의 눈 속에 있는 티를 빼리라

못된 열매 맺는 좋은 나무가 없고 또 좋은 열매 맺는 못된 나무가 없느니라

나무는 각각 그 열매로 아나니 가시나무에서 무화과를, 또는 찔레에서 포도를 따지 못하느니라

선한 사람은 마음의 쌓은 선에서 선을 내고 악한 자는 그 쌓은 악에서 악을 내나니 이는 마음의 가득한 것을 입으로 말함이니라"(눅 6:39-45)

영적인 소경이란 거듭나지 못해서 죄가 자기의 영혼을 덮고 있는 사람입니다. 하나님께서 창조의 첫째 날에, **"빛이 있으라"**(창 1:3) 하셔서 낮과 밤을 나누셨습니다. 그 빛은 **"참빛 곧 세상에 와**

서 각 사람에게 비취는 빛"(요 1:9)이며 예수 그리스도입니다. 예수 그리스도께서 **"물과 피로 임"**(요일 5:6)하셔서 완성하신 하나님의 의를 믿는 이는 영의 눈을 뜨고 낮에 속하지만, 그 진리의 빛을 받지 못한 자는 여전히 **"흑암이 깊음 위에 있고"**(창 1:2) 영적 소경으로 살아갈 수밖에 없습니다.

죄인이 진리의 복음을 믿어서 마음에 흰 눈같이 죄 사함을 받고 의인이 되는 역사가 **"거듭남"**(being born again)입니다. 따라서 예수님을 믿는다고 하면서 마음에 죄가 있는 이들은 거듭난 이들도 아니고 하나님의 자녀도 아닙니다.

마음에 죄가 있는 기독교인(基督敎人)들은 죄를 없애 주지 못하는 반쪽짜리의 복음을 버리고, 세 가지 증거를 다 가지고 있는 원형의 복음을 믿어야 합니다. **"증거하는 이가 셋이니 성령과 물과 피라 또한 이 셋이 합하여 하나이니라"**(요일 5:8)고 말씀하셨습니다.

칭의론이라는 거짓 교리에서 벗어나야 합니다

기독교인들은 칭의 교리(稱義敎理, Doctrine of Justification)에 사로잡혀 있습니다. 예수님께서 인류의 죄를 대속하기 위해서 피 흘려 돌아가셨다고 믿는 자를, 비록 마음에 죄가 있지만, 하나님께서 **"의롭다고 불러 주신다"**라는 주장이 칭의 교리입니다.

많은 이들이 칭의 교리로 자기 최면을 걸어서 자기를 구원받은 자라고 착각하는데 천만의 말씀입니다. 하나님은 죄인을 의롭다고 불러 주시지 않습니다. 하나님께서는 진리의 복음을 믿어서 마음에 흰 눈같이 죄 사함을 받은 의인들을 **"의롭다"**라고 부르십니다. 하나님은 의인들만 천국에 들이십니다. 마음에 죄가 있으면 반드시 지옥의 심판을 받습니다. 천국은 거룩한 곳이기 때문에 죄가 있는 자는 절대로 들어가지 못합니다.

물론 어떤 복음주의자들은 "우리는 예수님께서 흘리신 보혈로 모든 죄가 씻어졌기 때문에 죄가 없는 의인으로 거듭났다"라고 주장합니다. 그러나 십자가의 피만의 복음으로 자신을 의롭다고 주장하는 이들은 자기의 모든 죄가 예수님에게 넘어간 증거의 말씀을 모르기 때문에 그들의 믿음은 모래 위에 지은 집과 같습니다.

하나님께서 우리에게 주신 **"성경대로의 복음"**(고전 15:3-4)은 예수님께서 육체를 입고 오셔서 구약의 속죄 제사에 계시된 방법 그대로 자신을 **"한 영원한 제사"**(히 10:12)로 드리신 복음입니다. 구약의 속죄 제사는 반드시 1) 흠 없는 제물, 2) 제물의 머리에 안수함(죄를 넘김), 3) 피 흘림(제물의 죽음)이라는 세 조건이 충족되어야 했습니다.

"이 뜻을 좇아 예수 그리스도의 몸을 단번에 드리심으로 말미암아 우리가 거룩함을 얻었노라"(히 10:10).

구약의 속죄 제사에 정해 놓으신 하나님의 구원의 법대로, 하나님은 당신의 외아들을 육신으로 보내셔서, 흠 없는 어린양이 되게 하셨습니다. 하나님의 어린양으로 오신 예수님은 인류의 대표자이며 대제사장 아론의 후손인 세례 요한에게 안수의 형식으로 세례를 받으셔서 세상 죄를 단번에 넘겨받으셨습니다. 그리고 십자가에 못 박혀서 **"다 이루었다"**(요 19:30) 하시기까지 피를 흘려서 우리를 모든 죄에서 구원하셨습니다.

사도 요한은 이 진리의 복음을 **"물과 피로 임하신 자"**(요일 5:6) 예수 그리스도의 복음이라고 기록했습니다. 진리의 복음은 십자가의 피만의 복음이 아닙니다. 그것은 온전한 복음의 반쪽에 불과합니다. 진리의 복음은 **"물과 피의 복음"**입니다. 예수님께서 세례로 세상 죄를 지고 가는 하나님의 어린양이 되셨고, 십자가에 못 박히심으로 세례 받으셔서 담당하신 인류의 모든 죄를 당신의 보혈로 깨끗이 대속(代贖) 하셨습니다. 주님은 우리의 죄를 대신 갚으시고 돌아가셨다가 셋째 날에 부활하셨습니다. 이것이 성경대로의 복음입니다.

가라지와 같은 다른 복음의 창궐

기독교의 역사를 보면, 사도들이 "성경대로의 복음"을 전하던 시절에 벌써 다른 복음들이 교회에 들어와서 초대 교회의 영혼들을 유린했습니다. 처음에는 사단이 핍박 전략을 썼습니다. 사단은 예수님을 믿는 자들을 죽이고 압제하는 전략을 썼는데, 순교자들의 피는 오히려 더 큰 복음의 역사를 일으켰습니다.

그러자 사단 마귀는 두 번째 계략(plan B)을 전개해서 큰 성공을 거두게 되었습니다. 그것은 복음과 예수 그리스도를 믿게 하되, 다른 복음과 다른 예수(고후 11:4)를 믿게 하는 전략이었습니다. "물과 피와 성령의 증거가 다 있어야 죄 사함을 받는데, 여기서 물(예수님의 세례)을 싹 빼 버리자. 그런 유사 복음을 믿게 하면 아무리 예수님을 믿어도 죄 사함을 받지 못하거든!" 사단 마귀의 종들은 오랜 시간을 두고 그렇게 복음을 변질시켜서 만든 십자가의 피만의 복음을 퍼뜨렸습니다. 그래서 결국은 사단 마귀가 뿌려 놓은 가라지의 복음이 온 세상을 덮게 되었습니다.

진리의 복음을 믿어서 생명이 충만했던 초대 교회가 진리의 복음을 잃어버리고 반쪽짜리 복음으로 뒤덮이면서 교회는 분열되고 교단과 교파들이 무수히 생겨났습니다. 현재 전 세계적으로 기독교의 교단(denominations)을 비롯한 독립적인 교파들(sects)은 대략 40,000개라고 합니다.

"몸이 하나이요 성령이 하나이니 이와 같이 너희가 부르심의 한 소망 안에서 부르심을 입었느니라 주도 하나이요 믿음도 하나이요 세례도 하나이요"(엡 4:4-5).

예수 그리스도를 구주로 믿는 교회는 하나여야 하는데, 왜 그렇게 되었을까요? 그들은 예수님의 세례를 빼 버린 다른 복음을 통해서 다른 예수를 믿기 때문입니다.

소경들이 코끼리를 만지면 각자 의견이 분분합니다. 그들은 같은 코끼리를 더듬어 만져 보고 각기 다른 주장을 하게 되어 있습니다. 코를 만져 본 소경과 다리를 만져 본 소경과 배를 만져 본 소경이 설명하는 코끼리는 전혀 다릅니다. 거듭나지 못한 영적 소경이 다른 소경을 인도하는 웃지 못할 현실이 기독교라는 종교의 실상(實相)입니다.

열매를 보면 나무를 압니다

"못된 열매 맺는 좋은 나무가 없고 또 좋은 열매 맺는 못된 나무가 없느니라"(눅 6:43).

좋은 나무, 못된 나무는 거듭난 자와 거듭나지 못한 자를 지칭하는 비유입니다. 성경은 거듭난 자를 과목(果木, 레 19:23)이라고 말합니다. 하나님은 창조의 셋째 날에 **"땅은 풀과 씨 맺는 채소와 각기 종류대로 씨 가진 열매 맺는 과목을 내라"**(창 1:11) 하셨습니다. 생명의 씨는 예수 그리스도(갈 3:16)인데, 거듭나서 마음에 예수 그리스도가 있는 의인들은 좋은 나무입니다. 거듭난 의인들이 교회 안에서 자라나면 좋은 열매를 맺습니다.

장성한 의인들은 다른 영혼들을 거듭나게 하는 구원의 열매를 맺습니다. 창세기에 기록된 "낳고, 낳고"의 족보처럼, 거듭난 의인들은 영적인 자식들을 낳습니다. 또 의인들은 자기 안에 거하시는 성령의 역사를 따라 아름다운 덕성(德性)의 열매를 맺습니다. "**오직 성령의 열매는 사랑과 희락과 화평과 오래 참음과 자비와 양선과 충성과 온유와 절제니 이같은 것을 금지할 법이 없느니라**"(갈 5:22-23).

그러나 거듭나지 못한 영적 소경들은 거듭난 제자를 낳을 수가 없습니다. 가시나무가 무화과 열매를 맺을 수 없듯이, 자기도 거듭나지 못했는데 어떻게 의인을 낳겠습니까? 그들은 외식하며 선한 척하지만, 그들의 마음속은 노략질하는 늑대입니다.

선한 사람과 악한 자

"선한 사람은 마음의 쌓은 선에서 선을 내고 악한 자는 그 쌓은 악에서 악을 내나니 이는 마음의 가득한 것을 입으로 말함이니라"(눅 6: 45).

선한 사람은 거듭난 자를 지칭합니다. 의인들은 하나님의 선한 말씀을 믿음으로 받아서 자기 마음에 쌓습니다. 거듭난 하나님의 자녀들은 자기의 생각이 항상 악하다는 사실을 인정하고 자기의 생각을 부인합니다. 인간의 생각은 항상 악하고 더럽습니다. 거듭난 후에도 우리의 육신에서 나오는 생각에는 정욕과 탐욕과 명예심이 교묘하게 숨어 있습니다.

그래서 예수님은 제자들에게, "아무든지 나를 따라오려거든 자기를 부인하고 자기 십자가를 지고 나를 좇을 것이니라"(막 8:34)고 말씀하셨습니다. 자기의 생각을 철저하게 부인하고 오직 하나님의 선한 말씀을 마음에 쌓는 자가 선한 사람입니다. 거듭난 자는 하나님의 선한 말씀을 믿음으로 취해서 마음의 방들에 쌓아 두었다가 그것을 꺼내어 다른 사람을 살리는 선한 일을 합니다. 가장 선한 일은 죄인들을 거듭나게 해서 천국에 들여보내는 일입니다. 이보다 더 선한 일은 없습니다.

"악한 자"란 거듭나지 못한 죄인을 지칭합니다. 죄인들은 아무리 선한 척을 해도 그들의 마음은 사단이 준 욕망의 지배를 받습니다. "거머리에게는 두 딸이 있어 다고 다고 하느니라"(잠 30:15)는 말씀처럼, 육신의 정욕과 소유욕은 터진 웅덩이처럼 결코 채울 수가 없습니다.

예수님께서는 "그러므로 천국의 제자 된 서기관마다 마치 새것과 옛것을 그 곳간에서 내어오는 집주인과 같으니라"(마 13:52)고 말씀하셨습니다. 거듭난 종들은 구약과 신약의 말씀을 믿음으로 취해서 자기 마음의 창고에 두었다가, 주리고 방황하는 영혼들을 만나면 그들에게 요긴한 말씀을 내어다가 먹여서 그들을 구원하기도 하고, 인도하기도 하고, 위로하고 양육합니다.

그런데 악한 자들은 하나님 말씀보다는 자기의 욕망에 맞는 말들을 쏟아 냅니다. "화 있을찐저 외식하는 서기관들과 바리새인들이여 너희는 교인 하나를 얻기 위하여 바다와 육지를 두루 다니다가 생기면 너희보다 배나 더 지옥 자식이 되게 하는도다"(마 23:15). 악한 자들, 즉 거듭나지 못한 영적 소경들은 자기의 욕망에 부합하는 거짓 교리나 교훈들을 가지고 선생질을 하면서 영혼들을 지옥으로 끌고 갑니다.

마음에 죄가 있는 기독죄인(基督罪人)은 거듭나지 못한 영적 소경입니다. 기독교는 영적 소경들의 소굴이 되었습니다. 진리의 원형복음을 믿어서 흰 눈같이 죄 사함 받은 의인들은 아주 희귀합니다.

"내 마음에 찾아도 아직 얻지 못한 것이 이것이라 일천 남자 중에서 하나를 얻었거니와 일천 여인 중에서는 하나도 얻지 못하였느니라"(전 7:28). "노아는 의인이요 당세에 완전한 자라"(창 6:9)고 칭찬받았던 노아의 때에도, 전 세계 인구 중에 의인은 여덟 명밖에 없었습니다.

"예수께서 가라사대 너희가 소경 되었더면 죄가 없으려니와 본다고 하니 너희 죄가 그저 있느니라"(요 9:41).

예수님 믿으면서도 마음에 죄가 있는 기독죄인(基督罪人)들은 제발 자기가 영적 소경인 것을 인정하고, 진리의 복음을 믿어서 죄 사함을 받기를 바랍니다. 당신의 마음에 죄가 있으면, 당신은 흑암이 덮고 있는 영적 소경입니다. 자기가 소경인 것을 인정해야 죄 사함을 받고 영적인 눈을 뜨게 됩니다.

사도 바울은 다메섹 도상에서 부활하신 주님을 만나서 눈이 멀었습니다. 그가 주님의 종인 아나니아를 만나서 진리의 복음을 확신한 순간에 눈에서 비늘 같은 것이 떨어지며 보게 되었습니다. 그 놀라운 거듭남의 역사로 바울은 이방인의 사도가 되었습니다.

인간의 의로는 결코 들어갈 수 없는 천국

"모든 사람이 두려워하며 하나님께 영광을 돌려 가로되 큰 선지자가 우리 가운데 일어나셨다 하고 또 하나님께서 자기 백성을 돌아보셨다 하더라

예수께 대한 이 소문이 온 유대와 사방에 두루 퍼지니라

요한의 제자들이 이 모든 일을 그에게 고하니

요한이 그 제자 중 둘을 불러 주께 보내어 가로되 오실 그이가 당신이오니이까 우리가 다른 이를 기다리오리이까 하라 하매

저희가 예수께 나아가 가로되 세례 요한이 우리를 보내어 당신께 말하기를 오실 그이가 당신이오니이까 우리가 다른 이를 기다리오리이까 하더이다 하니

마침 그 시에 예수께서 질병과 고통과 및 악귀 들린 자를 많이 고치시며 또 많은 소경을 보게 하신지라

대답하여 가라사대 너희가 가서 보고 들은 것을 요한에게 고하되 소경이 보며 앉은뱅이가 걸으며 문둥이가 깨끗함을 받으며 귀머거리가 들으며 죽은 자가 살아나며 가난한 자에게 복음이 전파된다 하라

누구든지 나를 인하여 실족하지 아니하는 자는 복이 있도다 하시니라

요한의 보낸 자가 떠난 후에 예수께서 무리에게 요한에 대하여 말씀하시되 너희가 무엇을 보려고 광야에 나갔더냐 바람에 흔들리는 갈대냐

그러면 너희가 무엇을 보려고 나갔더냐 부드러운 옷 입은 사람이냐 보라 화려한 옷 입고 사치하게 지내는 자는 왕궁에 있느니라

그러면 너희가 무엇을 보려고 나갔더냐 선지자냐 옳다 내가 너희에게 이르노니 선지자보다도 나은 자니라

기록된바 보라 내가 내 사자를 네 앞에 보내노니 그가 네 앞에서 네 길을 예비하리라 한 것이 이 사람에 대한 말씀이라

내가 너희에게 말하노니 여자가 낳은 자 중에 요한보다 큰이가 없도다 그러나 하나님의 나라에서는 극히 작은 자라도 저보다 크니라 하시니

모든 백성과 세리들은 이미 요한의 세례를 받은지라 이 말씀을 듣고 하나님을 의롭다 하되

오직 바리새인과 율법사들은 그 세례를 받지 아니한지라 스스로 하나님의 뜻을 저버리니라"(눅 7:16-30).

요한이 옥에 갇혀 있을 때에, 그는 자기의 제자들을 예수님께 보내서, "오실 그이가 바로 당신입니까? 당신이 메시아입니까?"라고 물었습니다. 그때 마침 예수님 주변에는 많은 병자들과 불구자들이 몰려와서 예수님께 고침을 받고 있었습니다.

예수님은 요한의 제자들에게, "너희가 가서 보고 들은 것을 요한에게 고하되 소경이 보며 앉은뱅이가 걸으며 문둥이가 깨끗함을 받으며 귀머거리가 들으며 죽은 자가 살아나며 가난한 자에게 복음이 전파된다 하라 누구든지 나를 인하여 실족하지 아니하는 자는 복이 있도다" 하고 말씀하셨습니다.

요한의 제자들이 떠나간 후에 예수님께서 요한에 대해서 말씀하셨습니다. "내가 너희에게 말하노니 여자가 낳은 자 중에 요한보

다 큰이가 없도다 그러나 하나님의 나라에서는 극히 작은 자라도 저보다 크니라 하시니"(눅 7:28).

이 말씀에 대해서 많은 기독교인들이 잘못 이해하고 있습니다. 그들은 요한이 옥에 갇혀서 믿음에 시험이 들었기에 자기의 제자들을 예수님께 보냈고, 예수님은 그 부분을 문제 삼아서 요한을 낮추셨다고 오해하고 있습니다. 그러나 이 말씀은 전혀 그런 뜻이 아닙니다. 그들은 하나님의 말씀을 크게 오해한 것입니다.

세례 요한의 사명과 사역

세례 요한은 "**하나님께로서 보내심을 받은 사람**"(요 1:6)입니다. 그는 여자가 낳은 자 중에 가장 큰 자, 즉 인류의 대표자이며 "**오리라 한 엘리야**"(마 11:14, 말 4:5)입니다. 그는 대제사장 아론의 직계 후손입니다(눅 1:5).

세례 요한의 사역은 두 가지로 요약될 수 있습니다. 엘리야의 사역과 대제사장의 사역이 그것입니다.

엘리야는 북 왕조 이스라엘이 하나님을 등지고 우상 숭배에 빠졌던 아합 왕 시대에 우상의 선지자들과 겨뤄서 여호와 하나님이 참 하나님이신 것을 증거한 하나님의 종입니다. 그는 갈멜산에서 바알과 아세라의 우상 선지자 850명과 대결하여 승리하고 이스라엘 백성들의 마음을 하나님께로 돌렸던 종입니다.

세례 요한도 유대인들이 세상을 사랑하고 우상 숭배에 빠져 있을 때에 백성들에게 하나님의 말씀을 선포함으로써 그들이 회개하고 하나님께 돌아오도록 인도한 종입니다. 세례 요한은 자신을 거룩하게 구별해서 하나님께 드린 나실인(Nazirite)이었습니다. 그는 하나님을 경외하여 광야에 거하면서 머리에 삭도를 대지 않고 포도주와 독주를 마시지 아니하고, 메뚜기와 석청을 먹으면서 구별된 삶을 살았습니다.

이스라엘 백성들은 세례 요한의 삶과 교훈을 통해서 자기의 악을 깨닫고 회개하며 하나님께로 돌아왔습니다. 세례 요한은 진정으로 자기의 악을 인정하고 회개한 자들에게 물로 세례를 베풀었습니다. 그것을 "요한의 세례" 또는 "회개의 세례"라고 말합니다.

"이튿날 요한이 예수께서 자기에게 나아오심을 보고 가로되 보라 세상 죄를 지고 가는 하나님의 어린 양이로다 내가 전에 말하기를 내 뒤에 오는 사람이 있는데 나보다 앞선 것은 그가 나보다 먼저 계심이라 한 것이 이 사람을 가리킴이라 나도 그를 알지 못하였으나 내가 와서 물로 세례를 주는 것은 그를 이스라엘에 나타내려 함이라 하니라

요한이 또 증거하여 가로되 내가 보매 성령이 비둘기 같이 하늘로서 내려와서 그의 위에 머물렀더라 나도 그를 알지 못하였으나 나를 보내어 물로 세례를 주라 하신 그이가 나에게 말씀하시되 성령이 내려서 누구 위에든지 머무는 것을 보거든 그가 곧 성령으로 세례를 주는 이인 줄 알라 하셨기에 내가 보고 그가 하나님의 아들이심을 증거하였노라 하니라"(요 1:29-34).

세례 요한은 진정으로 돌이켜서 긍휼을 바라며 하나님께 나온 백성들에게 요단강에서 안수의 형식으로 세례를 주면서, 예수 그리스도를 소개했습니다. "너희 가운데 한 분이 와 계신다. 나도 아직은 그분이 누구신지 모른다. 그분도 너희들처럼 이렇게 안수의 방법으로 세례를 받으실 터인데, 만일 성령이 비둘기처럼 어떤 분 위에 머무는 것을 보거든 그분이 바로 인류의 모든 죄를 대속하러

오신 메시아인 줄 알라 하셨다."
  세례 요한은 이렇게 백성들을 가르치면서 세례를 주었습니다. **"너희는 주의 길을 예비하라 그의 첩경을 평탄케 하라"**(눅 3:4)는 말씀대로, 세례 요한은 왕이신 예수님이 들어가실 수 있도록 백성들의 마음을 준비시키면서 예수님을 기다리고 있었습니다.

예수님의 머리에 안수의 형식으로 세례를 베푼 요한

  그때에 예수님께서 고향인 갈릴리를 떠나서 요단강에서 세례를 주던 세례 요한에게 다가오셨습니다. 예수님께서 세례 요한에게 다가오실 때에, 세례 요한은 "육신을 입고 오신 하나님의 아들이 바로 저분이구나!" 하고 깨달았습니다. 그래서 예수님께서 자기에게 세례를 청하실 때에 두려워서, **"내가 당신에게 세례를 받아야 할 터인데 어찌하여 내게 오시나이까"**(마 3:14) 하며 극구 사양을 했습니다. 그런데 예수님께서 요한에게 아주 준엄하게 명령하셨습니다.
  "이제 허락하라 우리가 이와 같이 하여 모든 의를 이루는 것이 합당하니라 하신데 이에 요한이 허락하는지라"(마 3:15).
  세례 요한은 그 말씀에 순종해서 예수님의 머리에 손을 얹고 주님을 물에 푹 잠갔다가 일으켰습니다. 그때에 성령이 비둘기처럼 예수님 머리 위에 임하시고 하늘에서, **"이는 내 사랑하는 아들이요 내 기뻐하는 자라"**(마 3:17)는 하나님 아버지의 음성이 들렸습니다.
  예수님께서 세례 요한에게 안수의 형식으로 받으신 세례는 인류의 모든 죄를 당신의 몸에 짊어지신 구원의 사역입니다. **"그 세례"**(행 10:37)로 예수님은 **"세상 죄를 지고 가는 하나님의 어린**

양"(요 1:29)이 되셨고, 이 땅에는 "모든 의가 합당하게" 이루어졌습니다.

구약 시대의 대제사장이 매년 제7월 제10일의 대속죄일(大贖罪日)에 흠이 없고 일 년 된 숫염소의 머리에 안수를 하고 이스라엘 백성의 일 년 치 죄를 고했습니다. 그때에 백성 전체의 일 년 치 죄가 아사셀 염소의 머리에 넘어갔습니다. 그 염소를 광야에 버려져 죽게 해서 이스라엘 백성은 일 년 치의 죄가 사함을 받았습니다.

대속죄일(大贖罪日)의 제사는 "장차 오는 좋은 일의 그림자"(히 10:1)였습니다. 대제사장 아론의 후손이고 여자의 몸에서 난 자 중에 가장 큰 자인 세례 요한은 하나님의 어린양으로 오신 예수님께 안수의 형식으로 세례를 베풀었습니다. 그 세례로 전 인류의 모든 죄와 허물이 예수님께로 완전하게 넘어갔습니다.

또한 예수님께서 물에 푹 잠기신 것은 장차 주님이 돌아가실 것을, 물에서 올라오신 것은 죽음에서 부활하실 것을 계시하고 있습니다. 이처럼 예수님께서 세례 요한에게 받으신 세례 안에는 인류의 구원의 역사가 완전하게 담겨 있습니다.

안수(按手)로 받으신 세례는 죄가 예수님께 넘어간 역사입니다. 물에 잠기셨다가 일어나신 것은 장차 십자가에서 돌아가셨다가 부활하실 것의 예표(豫表)입니다. 그만큼 예수님께서 세례 요한에게 받으신 세례는 인류 구원에 있어서 불가결(不可缺) 한 사역입니다.

"이튿날 요한이 예수께서 자기에게 나아오심을 보고 가로되 보라 세상 죄를 지고 가는 하나님의 어린 양이로다"(요 1:29).

예수님께서 세례를 받으신 이튿날, 세례 요한은 "어제 저분이 안수의 형식으로 세례를 받아서 세상의 모든 죄를 다 짊어지셨다"

라고 증언했습니다. "세상 죄"(the sin of the world)란 첫 사람 아담에서부터 아직 태어나지도 않은 세상 종말의 사람들까지, 인류 전체의 모든 죄입니다. 우리들이 범했고 또 앞으로 죽을 때까지 저지를 모든 죄도 당연히 "세상 죄"에 포함됩니다.

우리의 모든 죄와 허물은 인류의 대표자이며 대제사장 아론의 후손인 세례 요한이 어린양으로 오신 예수님의 머리에 안수해서 물에 푹 잠글 때에 예수님께 완벽하게 넘어가서 이 세상에는 "모든 의"가 이루어졌습니다.

예수님은 십자가에 못 박혀서 흘리신 보혈로, 세례로 짊어진 세상 죄를 온전히 대속(代贖) 하셨습니다. 예수님은 십자가에 못 박혀서 마지막 숨을 거두시기 직전에, "다 이루었다"(요 19:30)라고 크게 외치셨습니다. 주님은 받으신 세례와 십자가의 피로 우리의 모든 죄를 대속해서 없애는 일을 다 이루셨습니다.

구약의 속죄 제사는 반드시 흠 없는 제물과 안수와 피 흘림, 이 세 가지 요소가 다 충족되어야 했습니다. 따라서 하나님의 어린양으로 이 땅에 오신 예수님께서 안수의 세례가 없이 그냥 십자가에 돌아가셨다고 전파하는 복음은 불법의 복음입니다. 십자가의 피만의 복음을 믿어서는 절대로 마음의 죄가 없어지지 않습니다. 오늘날 기독교인들이 예수님을 실컷 믿고도 기독죄인(基督罪人)으로 남아 있는 이유가 이것입니다.

"요한이 의의 도로 너희에게 왔거늘 너희는 저를 믿지 아니하였으되 세리와 창기는 믿었으며 너희는 이것을 보고도 종시 뉘우쳐 믿지 아니하였도다"(마 21:32).

세례 요한은 "장차 메시아가 오셔서 너희가 받은 안수의 방법으로 세례를 받아서 너희의 모든 죄를 담당하신다"라고 선포하며,

진정으로 회개한 백성들에게 물로 세례를 베풀었습니다. 그때에 예수님이 요단강에 오셨습니다. 세례 요한은 예수님께 안수의 형식으로 세례를 베풀어서 세상의 모든 죄를 예수님께 넘겼습니다.

이제 자기를 보내신 하나님의 뜻을 다 이루어 드렸기에, 요한은 곧 자기의 사역을 접었습니다. "나의 사역은 이제 끝났다. 나는 점점 작아져야 하고, 저분은 점점 커져야 한다. 이제 너희는 저분의 제자가 되어서 저분과 함께 의의 복음을 전파하라." 그는 자신의 수제자인 요한과 안드레를 예수님께 보냈습니다.

대부분의 요한의 제자들은 예수님을 따라가서 주님의 제자가 되었습니다. 그런데 일부 제자들은 일편단심으로 세례 요한을 끝까지 좇으려고 했습니다. 세례 요한이 아무리 예수님이 오실 메시아라고, 너희는 그분의 제자가 되어야 한다고 설득을 해도 그들은 막무가내였습니다. "그러면 너희들이 예수님께로 가서 '오실 그이가 당신입니까?' 하고 여쭤봐라" 하고 세례 요한이 남은 제자들에게 시킨 것입니다.

요한의 남은 제자들에게 전할 말을 주신 말미에, **"누구든지 나를 인하여 실족하지 아니하는 자는 복이 있도다"**(눅 7:23)라고 하신 말씀은 요한을 염두에 두고 하신 말씀이 아닙니다. 세례 요한은 하나님께서 특별한 사명을 행하도록 보내신 하나님의 종이고 여자의 몸에서 난 자 중에 가장 큰 자입니다. 세례 요한은 예수님으로 인해서 믿음이 실족할 분이 아닙니다. 그 말씀은 예수님께 대한 믿음이 없었던 요한의 제자들을 향한 말씀입니다.

"내가 너희에게 말하노니 여자가 낳은 자 중에 요한보다 큰이가 없도다 그러나 하나님의 나라에서는 극히 작은 자라도 저보다 크니라 하시니"(눅 7:28).

인간 중에서는 세례 요한의 의를 따라갈 자가 없습니다. 그는 광야에 거하면서 가장 경건하고 금욕적인 삶을 살았습니다. 욥의 의도 대단했습니다. 욥은 엄청난 고난을 겪으면서도 입술로 하나님을 원망하는 죄를 짓지 않았습니다. 그런데 세례 요한의 의는 욥보다 더 컸습니다.

인간의 의는 아무리 커도, 그것으로는 천국에 들어 갈 수가 없습니다. 예수님께서 완성하신 하나님의 의를 옷 입지 않고는 인간의 의로는 결코 천국의 영생에 들어갈 수 없습니다. 세례 요한의 의가 아무리 크다 할지라도, 그 자신의 의로는 천국에 들어가지 못한다는 뜻입니다. 인간의 의는 아무리 커 봤자 그 의로는 절대로 천국에 들어가지 못합니다. 믿음으로 죄 사함을 받고 얻은 하나님의 의를 옷 입은 사람만이 천국에 들어갑니다.

저도 이 진리를 모를 때에는, "욥이 왜 그렇게 고난을 받아야 되지?" 하는 의문이 있었습니다. 사람은 결코 자기의 의를 가지고 하나님 나라에 들어갈 수 없습니다. **"만물보다 거짓되고 심히 부패한 것은 마음이라 누가 능히 이를 알리요마는"**(렘 17:9) 하셨듯이, 사람의 마음은 만물보다 더럽고 거짓됩니다. 사람들이 착각을 많이 해서 자기 마음이 거룩하고 깨끗한 줄 알지만 천만의 말씀입니다.

자기 생각에 깨끗해 보여도, 사람의 의는 헌 옷과 같이 더럽습니다. 사람의 마음이 만물보나 거짓되고 더럽다고 하셨는데, 그 만물 중에는 똥도 있습니다. 사람의 의를 만드는 근본 재료인 인간의 마음 자체가 똥보다 더 더러운데, 그런 재료를 가지고 갖은 정성을 드려서 무엇을 만들어 낸들 그것이 하나님께 기쁨이 되겠습니까?

자기 의를 쌓아서 그것으로 하나님을 섬기려고 하는 것이 바로 종교(宗敎)입니다. 베데스다 못가에 모여 있는 병자들이 바로 종교인의 모습을 보여 주고 있습니다. 그들은 물이 움직일 때에 자기가 일등으로 물에 뛰어들어가서 신화와 간증 거리를 만들겠다고 하는 일등주의자(一等主義者)들입니다.

종교화된 기독교에는 수많은 일등주의자들이 추앙을 받고 있습니다. 기도의 일등, 설교의 일등, 구제의 일등, 봉사의 일등, 헌금의 일등, 순종의 일등, 전도의 일등, 선교의 일등, 교회 개척의 일등…수많은 일등들이 판을 치는 세계가 기독교라는 종교입니다.

일등주의의 노선에 서 있는 사람은 결코 천국에 들어가지 못합니다. 세례 요한의 의보다 더 큰 의는 **"물과 피로 임하신"**(요일 5:6) 예수님께서 완성해서 믿는 자들에게 거저 주시는 **"하나님의 의"**(롬 1:17)입니다. 하나님의 의를 옷 입지 않으면, 자기의 의와 공로로는 아무도 하나님의 나라에 들어갈 수 없습니다.

"누구든지 그리스도와 합하여 세례를 받은 자는 그리스도로 옷 입었느니라"(갈 3:27).

천국의 영생을 얻으려면, 욥처럼 자기의 의가 다 깨어져야 합니다. 자기에게 의가 전혀 없다는 사실을 인정하는 자기 의의 꼴찌가 되어서, 예수님께서 받으신 세례와 십자가의 피의 능력을 믿어야 합니다. 그러면 우리는 모든 죄의 사함을 받고 하나님의 의를 옷 입게 됩니다. 흰 눈같이 마음의 모든 죄가 씻어지고 의인으로 거듭나서 영생의 천국에 들어갑니다.

할렐루야!

누가 더 예수를 사랑하겠느냐?

"한 바리새인이 예수께 자기와 함께 잡수시기를 청하니 이에 바리새인의 집에 들어가 앉으셨을 때에

그 동네에 죄인인 한 여자가 있어 예수께서 바리새인의 집에 앉으셨음을 알고 향유 담은 옥합을 가지고 와서

예수의 뒤로 그 발 곁에 서서 울며 눈물로 그 발을 적시고 자기 머리털로 씻고 그 발에 입맞추고 향유를 부으니

예수를 청한 바리새인이 이것을 보고 마음에 이르되 이 사람이 만일 선지자더면 자기를 만지는 이 여자가 누구며 어떠한 자 곧 죄인인 줄을 알았으리라 하거늘

예수께서 대답하여 가라사대 시몬아 내가 네게 이를 말이 있다 하시니 저가 가로되 선생님 말씀하소서

가라사대 빚 주는 사람에게 빚진 자가 둘이 있어 하나는 오백 데나리온을 졌고 하나는 오십 데나리온을 졌는데

갚을 것이 없으므로 둘 다 탕감하여 주었으니 둘 중에 누가 저를 더 사랑하겠느냐

시몬이 대답하여 가로되 제 생각에는 많이 탕감함을 받은 자니이다 가라사대 네 판단이 옳다 하시고

여자를 돌아보시며 시몬에게 이르시되 이 여자를 보느냐 내가 네 집에 들어오매 너는 내게 발 씻을 물도 주지 아니하였으되 이 여자는 눈물로 내 발을 적시고 그 머리털로 씻었으며

너는 내게 입맞추지 아니하였으되 저는 내가 들어올 때로부터 내 발에 입맞추기를 그치지 아니하였으며

너는 내 머리에 감람유도 붓지 아니하였으되 저는 향유를 내

발에 부었느니라

　이러므로 내가 네게 말하노니 저의 많은 죄가 사하여졌도다 이는 저의 사랑함이 많음이라 사함을 받은 일이 적은 자는 적게 사랑하느니라

　이에 여자에게 이르시되 네 죄 사함을 얻었느니라 하시니

　함께 앉은 자들이 속으로 말하되 이가 누구이기에 죄도 사하는가 하더라

　예수께서 여자에게 이르시되 네 믿음이 너를 구원하였으니 평안히 가라 하시니라"(눅 7:36-50).

　예수님께서 시몬이라는 한 바리새인의 집에서 식사를 하게 되었습니다. 그때에 동네에서 소문난 죄인인 한 여인이 예수님께서 식사하시던 자리에 들어와서, 예수님의 발밑에 엎드려서 눈물로 주님의 발을 적시고 자기 머리털로 주님의 발을 닦으면서 향유를 주님의 발에 부어 드렸습니다.

　그러자 시몬과 그의 친구들인 바리새인들이, "이 사람이 만일 선지자더면 자기를 만지는 이 여자가 누구며 어떠한 자 곧 죄인인 줄을 알았으리라" 하고 수근거렸습니다. 예수님은 그들의 생각을 아시고 당신을 초대했던 문둥이 시몬에게 한 예화를 들려주며 물었습니다.

　"빚 주는 사람에게 빚진 자가 둘이 있어 하나는 오백 데나리온을 졌고 하나는 오십 데나리온을 졌는데 갚을 것이 없으므로 둘 다 탕감하여 주었으니 둘 중에 누가 저를 더 사랑하겠느냐?"

　시몬이 "제 생각에는 많이 탕감함을 받은 자니이다" 하고 대답하자, 예수님은 "네 판단이 옳도다" 하고 칭찬하셨습니다.

그러나 시몬은 예수님을 떠돌이 율법 선생 정도로 평가하고, 자기가 예수님과 제자들에게 인심을 크게 써서 식사를 대접하는 것으로 여겼습니다. 그는 예수님이 자기 집에 들어오실 때에, 발 씻을 물도 드리지 않았습니다. 하지만 그 여인은 눈물로 주님의 발을 적시고 머리털로 닦으며 값비싼 향유를 주님의 발에 부어 드렸습니다.

"이러므로 내가 네게 말하노니 저의 많은 죄가 사하여졌도다 이는 저의 사랑함이 많음이라 사함을 받은 일이 적은 자는 적게 사랑하느니라"(눅 7:47).

나는 사함을 많이 받은 자인가, 적게 받은 자인가?

우리는 먼저, "나는 어떤 죄인인가?"라는 질문을 스스로에게 던져야 합니다. 예수님께서는 천국 영생을 얻을 자가 누구인가에 대한 비유로 일만 달란트 빚진 자와 백 데나리온 빚진 자의 비유(마 18장)를 들려주셨습니다. 1 달란트는 6,000데나리온이고 1 데나리온은 장정의 하루 품삯이므로, 일만 달란트는 천문학적 액수의 돈입니다. 그 돈은 노동자가 대략 16만 4천 년 동안 일을 해야 갚을 수 있는 빚이니, 우리가 도저히 갚을 수 없는 빚입니다.

여러분은 자신을 어떤 죄인이라고 인정하십니까? 나는 일만 달란트 빚진 자인가, 아니면 100 데나리온 빚진 자인가? 여러분은 조금만 조심하면 얼마든지 거룩하게 살 수 있다고 확신합니까? 아니면 만물보다 거짓되고 부패한 마음에서 평생 죄만 쏟아 내는 죄덩어리라고 인정하십니까?

바리새인들은 자기들이 비교적 괜찮은 사람이라고 자긍했습니다. 그들은 창녀와 세리들을 가리키면서 "너희는 나만큼만 해 봐라, 이 더러운 것들아!" 하며 자기의 의를 자랑했습니다. 그들은 도포 자락을 크게 해서 문둥병자나 창녀, 세리들을 보게 되면, 도포 자락으로 얼굴을 가리고 거룩한 척을 했습니다. 또 이마나 팔뚝에 율법을 적은 쪽지를 넣은 작은 함을 차고 다니면서, 때때로 말씀을 외우며 경건한 척을 했습니다.

"화 있을찐저 외식하는 서기관들과 바리새인들이여 잔과 대접의 겉은 깨끗이 하되 그 안에는 탐욕과 방탕으로 가득하게 하는도다"(마 23:25).

그들은 외모와 행위로는 거룩한 척을 했지만, 마음속은 악독과 방탕으로 가득했습니다. 그래서 예수님은 자기의 근본 모습을 모르는 그들은 책망하셨습니다.

자기가 얼마나 비참한 존재이고 얼마나 구제불능의 죄인인 줄을 인정하는 자만이 **"물과 피로 임하신"**(요일 5:6) 주님께서 완성하신 하나님의 의를 옷 입을 수 있습니다.

인간이 자기의 의와 공로로 스스로를 거룩하게 꾸미는 것은 아담과 하와가 범죄한 후에 스스로 만들어 입었던 무화과 나뭇잎 옷에 해당합니다. 인간의 행위와 노력으로 자기의 더러운 모습을 가리고자 하는 행위 유형을 일컬어서 종교(宗敎)라고 합니다. 자기의 근본 모습을 모르는 자들이 스스로 거룩한 척을 하며 선행과 공로를 엮어서 자기의 수치를 가리려고 하고 있습니다. 그런 자들이 기독교를 하나의 거대한 세계 종교로 만들었습니다.

나뭇잎 옷을 벗어 버려야 가죽옷을 입습니다

그런데 사람이 스스로 만든 무화과 나뭇잎 옷을 입고서는 아무도 천국 영생에 들어갈 수 없습니다. 그것으로는 자기의 수치(죄)를 가릴 수 없습니다. 자기의 선행이나 헌신이나 희생이나 봉사와 같은 인간의 공로를 가지고는 만물보다 거짓되고 심히 부패한 자기의 죄악된 실체를 결코 가릴 수 없다고 탄식하는 자라야, 값없이 주시는 하나님의 의를 옷 입고 구원을 받습니다.

바리새인 시몬과 향유를 주님께 부었던 여인과의 근본적인 차이가 여기에 있습니다. 그 여인은 "저는 지옥에 가야 마땅한 자입니다. 저는 꼴찌이며 구제불능입니다"라고 탄식했던 죄인이었습니다. 그러나 바리새인 시몬은 "저는 저런 죄인 여자와는 근본이 다른 거룩한 자입니다" 하고 자기의 의를 자랑했습니다.

그 여인은 동네에서 소문난 죄인이었습니다. 그러면 그 여인처럼 죄를 많이 지어야 구원을 받는다는 말입니까? 그렇지 않습니다. 모든 사람은 근본적으로 다 똑같습니다. 우리는 다 아담에서부터 쏟아져 나왔기 때문에, 겉으로 드러난 현상은 조금씩 차이가 있을지 몰라도, 우리의 마음속에 들어 있는 것은 다 똑같습니다.

"또 가라사대 사람에게서 나오는 그것이 사람을 더럽게 하느니라 속에서 곧 사람의 마음에서 나오는 것은 악한 생각 곧 음란과 도적질과 살인과 간음과 탐욕과 악독과 속임과 음탕과 흘기는 눈과 훼방과 교만과 광패니 이 모든 악한 것이 다 속에서 나와서 사람을 더럽게 하느니라"(막 7:20-23).

이 말씀도 거룩한 척하는 바리새인들에게 들려주신 말씀입니다. 우리 사람은 속에 이 모든 악한 생각과 죄의 인자들이 장착되어서 태어납니다. 아담이 **"유전한 망령된 행실"**(벧전 1:18)이 곧 죄입니다. 이 죄들(sins)이 어떤 자극과 충동을 받을 만한 환경을 만나서 말과 행위와 생각으로 쏟아져 나온 것을 허물(transgressions)이라고 합니다.

예수님은 **"또 간음치 말라 하였다는 것을 너희가 들었으나 나는 너희에게 이르노니 여자를 보고 음욕을 품는 자마다 마음에 이미 간음하였느니라"**(마 5:27-28)고 말씀하셨습니다. 이 말씀 앞에 정직하게 서는 자는 "주님, 저는 간음하는 자입니다. 저를 불쌍히 여겨 주십시오" 하고 주님의 구원을 간청합니다.

그런데 바리새인들, 즉 종교인들은 자기의 마음속에 들어 있는 죄 자체를 인정하지 않고 밖으로 흘러나온 허물들만 부지런히 닦았습니다. 그렇게 죄를 짓지 않으려고 노력한다고 마음의 죄가 흰 눈처럼 씻어집니까? 행위로만 거룩하게 보인다고 마음까지 거룩하게 될 수 있습니까? 그럴 수가 없습니다. 가죽옷을 입기 전에는 마음의 죄가 절대로 가려질 수가 없습니다.

자기가 의로운 줄 아는 종교인들, 자기가 선한 줄 아는 현대판 바리새인들은 자기의 꼬락서니를 정직하게 바라보고 자기는 지옥에 가야 마땅한 자라는 사실을 인정해야 합니다. 목사님들, 선교사님들, 장로님들, 권사님들, 집사님들, 스스로 신앙생활을 잘하고 있다고 자부하는 분들은 자기는 저 여인처럼 그렇게 더럽지 않다고 착각하고 있습니다.

그러나 천만의 말씀입니다. **"만물보다 거짓되고 심히 부패한 것이 마음"**(렘 17:9)입니다. 하나님의 말씀 앞에서 자기 실체를 정직하게 시인하는 자라야 죄 사함으로 말미암는 구원을 받습니다. 하나님의 완전한 구원의 은혜를 입고 흰 눈같이 깨끗한 의인으로 거듭나게 됩니다. 자기가 일만 달란트 빚진 자라고 인정하는 자라야 가죽옷과 같은 하나님의 의를 옷 입고 거룩한 의인이 됩니다.

기독교인들은 예수님을 구주로 영접한 후에 죄를 짓지 않으려고 노력하며, 혹시 죄를 지으면 회개 기도를 드려서 그 죄를 씻으려고 합니다. 사람들이 왜 그러한 성화(聖化)의 노선을 따라갑니까? 자기가 조금만 노력하면 거룩함에 이를 수 있다고 착각하기 때문입니다.

자기는 95% 거룩하므로 부족한 5%만 채우면 하나님께 합격을 얻을 수 있다는 착각에 사로잡혀 있는 현대판 바리새인들이 기독교인들입니다. 그런데 그런 성화의 노선을 좇아가면 거룩함에 이를 수 있습니까? 결코 그럴 수 없습니다. 그래서 그들은 신앙생활을 오래 할수록 거룩한 척하는 외식의 수법만 늘어갑니다.

자기가 제법 괜찮은 줄 아는 사람들은 죄 사함을 받지 못합니다. 주님 앞에서 "주님, 저는 지옥에 가야 마땅한 죄인입니다. 저는 일만 달란트 빚진 자입니다. 저는 제 죄의 빚을 갚을 길이 없습니다. 저를 불쌍히 여겨 주십시오" 하고 고백하는 꼴찌들이라야, 오직 온전한 복음의 은혜로 값없이 죄 사함을 받을 수 있습니다.

나는 주님을 더 사랑하나?

예수님의 발에 자기의 전 재산과 같은 값비싼 향유를 부어 드린 여인은 자기의 남은 생애를 주님께 드린 셈입니다. 그 여인이 지금까지 많은 죄를 지었지만, 이제는 주님의 복음을 믿어서 영원한 생명을 얻었습니다. 그 향유로 남자를 유혹하는데 쓸 수도 있고 향락을 더 즐길 수도 있었는데, 그 값진 향유를 아낌없이 주님의 발에 부어 드렸습니다. 예수님 발에 그 향유를 부어 드렸을 때, 그 방 안에 아름다운 향기가 가득 찼습니다.

그 여인은 물과 피로 임하신 예수님께서 우리 인류를 위해서 자기 몸으로 드려 주신 **"한 영원한 제사"**(히 10:12)를 믿어서 거듭났습니다. 그녀는 자기의 모든 죄를 깨끗이 없애 주신 주님의 은혜가 너무 감사해서, 주님의 구원의 사역 위에 자기의 여생을 다 부어 드렸습니다. 그녀는 예수님께서 행하신 **"의의 한 행동"**(롬 5:18)이 널리 전파되기를 간절히 원했습니다. 그 향유의 향기는 바로 복음의 향기입니다.

"그런즉 한 범죄로 많은 사람이 정죄에 이른 것같이 의의 한 행동으로 말미암아 많은 사람이 의롭다 하심을 받아 생명에 이르렀느니라"(롬 5:18).

우리를 모든 죄에서 공의롭게 구원하신 주님의 **"의의 한 행동"**이 바로 주님의 발입니다. 주님은 육체를 입고 흠 없는 제물로 오셔서 요단강에서 인류의 대표자인 세례 요한에게 안수의 형식으로 세례를 받으셨습니다. **"그 세례"**(행 10:37)로 주님은 세상의 모든 죄와 허물을 당신의 육체에 담당하시고 우리를 대신해서 십자가에 못 박혀서 당신의 보혈로 우리의 모든 죄를 공의하게 대속(代贖)하셨습니다.

주님은 **"다 이루었다"**(요 19:30) 하시기까지 피 흘려 돌아가셨다가 셋째 날에 부활하셨습니다. 예수님께서 육신을 입고 오셔서 **"물과 피"**로 행하신 **"의의 한 행동"**이 바로 진리의 복음입니다.

주님은 거름더미에 앉아 있던 거렁뱅이 같은 여인을 구원하셔서 존귀하고 아름다운 당신의 신부가 되게 하셨습니다. 제가 어릴 때에는, 6.25 동란이 끝난 지 얼마 안 되어서 동네에 거지들이 많앉습니다. 다리 밑에는 거지들이 모여 살았는데, 어떤 소녀 거지가 거지 무리에 끼어 목숨을 부지하면서 온갖 비참한 일들을 겪고 있었다고 가정해 봅시다.

어떤 귀인이 지나가다가 매일 강간을 당하며 매를 맞고 비참하게 살고 있던 그 소녀 거지를 보았습니다. 그 귀인은 그녀를 불쌍히 여겨서 거지 대장이 요구하는 엄청난 돈을 지불하고, 그 소녀를 거지 소굴에서 **빼내** 주었습니다. 그 귀인은 그 소녀를 데려다가 목욕을 시키고 새하얀 드레스를 입혀서 자기 아내로 삼았습니다. 그리고 고귀한 사모님으로 존경을 받으며 살게 해 주었습니다.

그러면 거지였다가 그 귀인의 아내가 된 그 소녀는 자기 남편께 감사하며 얼마나 남편을 사랑하겠습니까? 자기 남편이 기뻐하는 일이라면 자기의 어떤 것을 희생해서라도 섬기지 않겠습니까? 예수님의 발에 향유를 부어 드린 여인의 심정이 그 소녀와 같았을 것입니다. 일만 달란트 빚진 자가 예수님을 만나서 **"물과 피의 복음"** 으로 죄 사함을 받으면, 그는 자기보다 주님을 더 사랑하게 됩니다.

여러분은 자신보다 주님을 더 사랑합니까? "나는 주님이 기뻐하시는 일을 위해서 나의 유익이나 소욕을 언제라도 내려놓을 수 있나? 아니면 나는 나의 향유 옥합을 나를 치장하고 내 욕망을 채우는 일에 쓰기를 더 원하는 사인가?"

스스로에게 한번 진지하게 물으시기를 바랍니다.

내 마음은 어떤 종류의 밭인가?

"각 동네 사람들이 예수께로 나아와 큰 무리를 이루니 예수께서 비유로 말씀하시되

씨를 뿌리는 자가 그 씨를 뿌리러 나가서 뿌릴째 더러는 길 가에 떨어지매 밟히며 공중의 새들이 먹어버렸고

더러는 바위 위에 떨어지매 났다가 습기가 없으므로 말랐고

더러는 가시떨기 속에 떨어지매 가시가 함께 자라서 기운을 막았고

더러는 좋은 땅에 떨어지매 나서 백배의 결실을 하였느니라 이 말씀을 하시고 외치시되 들을 귀 있는 자는 들을찌어다

제자들이 이 비유의 뜻을 물으니

가라사대 하나님 나라의 비밀을 아는 것이 너희에게는 허락되었으나 다른 사람에게는 비유로 하나니 이는 저희로 보아도 보지 못하고 들어도 깨닫지 못하게 하려 함이니라

이 비유는 이러하니라 씨는 하나님의 말씀이요

길 가에 있다는 것은 말씀을 들은 자니 이에 마귀가 와서 그들로 믿어 구원을 얻지 못하게 하려고 말씀을 그 마음에서 **빼앗는** 것이요

바위 위에 있다는 것은 말씀을 들을 때에 기쁨으로 받으나 뿌리가 없어 잠간 믿다가 시험을 받을 때에 배반하는 자요

가시떨기에 떨어졌다는 것은 말씀을 들은 자니 지내는 중 이생의 염려와 재리와 일락에 기운이 막혀 온전히 결실치 못하는 자요

좋은 땅에 있다는 것은 착하고 좋은 마음으로 말씀을 듣고 지키어 인내로 결실하는 자니라"(눅 8:4-15).

생명의 씨인 복음

　예수님께서 많은 무리를 보시고 씨 뿌리는 자의 비유 말씀을 들려주셨습니다. 영원한 생명의 씨를 뿌리는 분은 예수님입니다.
　씨 안에는 생명이 있습니다. 영국의 고고학자들이 이집트의 피라미드 내부에 들어가서 조사하다가, 질그릇 단지에 담겨 있던 씨앗을 발견했는데 조직 검사 결과, 놀랍게도 그 씨앗들이 살아 있었습니다. 피라미드는 지금부터 대략 3,000~4,000년 전에 축조된 것이니, 씨앗의 생명력은 경이롭습니다.
　우리나라에서도 경상남도 함안의 옛 산성터에서 무려 1,200년 전 통일 신라 시대의 연꽃 씨앗 네 개가 발굴되었는데, 연구소에 옮겨져서 배양한 결과, 그중에서 3개가 발아(發芽) 했다는 뉴스를 보았습니다. 이미 10여 년 전에도 그 산성의 못 터에서 700년 전의 연꽃 씨앗이 발견되었는데, 거기에 다시 연못을 조성하고 그 씨앗들을 심었습니다. 지금은 "아라 연꽃"이라는 이름으로 아름다운 꽃밭을 이루어서 많은 관광객들이 아라 연꽃을 보려고 함안에 간답니다. 씨앗의 생명은 참으로 놀랍습니다.
　오늘의 비유의 말씀에서 주님께서 뿌리는 씨앗은 복음의 씨앗입니다. 아주 구체적으로 말하면 원형복음(原形福音)의 씨앗입니다. 듣고 믿는 사람의 마음에 심기면 싹이 나고 꽃을 피워서 영생의 열매를 맺는 진리의 복음이 바로 생명의 씨앗입니다.
　따라서 아무리 믿고 고백해도 죄 사함을 얻지 못하는 십자가의 피만의 복음은 주님께서 뿌리시는 씨가 아닙니다. 십자가의 피만의 복음은 반쪽짜리의 복음입니다. **"성경대로의 복음"**(고전 15:3-4)은 **"물과 피의 복음"**(요일 5:6)입니다.

예수님은 흠 없는 어린양으로 오신 성자(聖子) 하나님입니다. 예수님께서 제사장이 기름부음을 받는 나이인 서른 살이 되셨을 때에, 요단강으로 오셔서 인류의 대표자인 세례 요한에게 안수의 방법으로 세례를 받으셨습니다. "그 세례"(행 10:37)로 예수님은 "세상 죄를 지고 가는 하나님의 어린양"(요 1:29)이 되셨습니다. 그리고 "다 이루었다"(요 19:30)라고 외치시고 돌아가시기까지, 주님은 십자가에 달려서 흘리신 피로써 우리 인류의 모든 죄를 대속하셨습니다.

　"물(세례)과 피(십자가)의 복음"이 우리를 모든 죄에서 구원하셔서 의인으로 거듭나게 하는 "성경대로의 복음"(the Gospel according to the Scriptures, 고전 15:3-4)입니다.

　예수님께서 십자가 위에서 돌아가셨을 때에, 로마 군병들은 예수님과 함께 달린 두 죄수들의 죽음을 확인하기 위해서 그들의 다리를 꺾었습니다. 그러나 군병들이 주님에게 이르러서는 성경이 응하게 하려고 뼈를 꺾는 대신 창으로 예수님의 옆구리를 찔렀습니다. 그때에 예수님의 옆구리에서 물과 피가 따로 흘러내렸습니다.

　사도 요한은 "물과 피가 따로 흐른 사실"을 기록하고 "이것은 본 사람이 확실하게 증언한 것"이라고 부연해서 강조했습니다. 어떤 자들은 "그런 현상은 예수님이 확실히 돌아가셨다는 과학적 증거이다"라고 주장하는데, 그런 주장은 과학적으로 틀린 말입니다. 피는 노출되어서 공기와 접촉해야 혈소판이 터지면서 응고됩니다. 따라서 혈관 내부에 있는 피(혈액)는 응고되거나 혈장과 분리되지 않습니다.

　주님은 당신의 시신을 통해서라도 한 번 더 당신이 우리를 구원하신 진리의 복음은 "물과 피의 복음"이라는 증거를 보여 주신 것입니다. 진리의 원형복음은 **"물과 피의 복음"**(요일 5:6)입니다. 생명을 가지고 있고, 생명을 얻게 하고, 또 생명의 열매를 많이 맺게 하는 **"성경대로의 복음"**은 **"물과 피의 복음"**입니다. 이 복음 외에 다른 복음은 없습니다.

오늘날 온 세상을 뒤덮고 있는 쭉정이의 복음, 즉 십자가의 피만의 복음을 믿어서는 죄 사함을 받고 영생을 얻을 수 없습니다. 성경은 **"그러므로 이제 그리스도 예수 안에 있는 자에게는 결코 정죄함이 없나니"**(롬 8:1)라고 말씀하지만, 가라지의 복음을 믿는 자들은 결코 정죄함이 있습니다. 반쪽짜리의 복음은 아무리 믿어도 죄가 없어지지 않습니다. 기독죄인(基督罪人)들은 예수님을 믿기 전에도 죄인이었는데 예수님을 믿고 나서는 예수님을 믿는 죄인이 되었을 뿐입니다. 그런데 죄의 삯은 사망입니다. 예수님을 구주로 고백하든 말든, 마음에 죄가 있으면 지옥에 갑니다.

누구든지 예수님께서 물과 피로 우리를 온전히 죄에서 구원하셨다는 진리의 원형복음을 믿을 때에는 결코 정죄함이 없는 구원을 받게 됩니다. 우리는 "♪하나님은 나의 구원 되시오니 내게 정죄함 없겠네"라는 찬송가 가사에서 "겠" 자(字)를 빼 버리고 "내게 정죄함 없네"라고 부릅니다. 그러니 얼마나 마음이 시원합니까? "없겠네"라는 가사는 "지금은 죄가 있지만 장차 없어질 것이다"라는 막연한 기대를 노래하는 것입니다. 그런 기독죄인들은 아직 **"죄 사함으로 말미암는 구원"**(눅 1:77)을 받지 못한 사람들입니다.

생명의 복음이 뿌려지는 네 가지 마음밭

밭은 우리들의 마음을 의미합니다. 예수님은 오늘의 비유를 통해서 네 종류의 마음밭을 보여 주십니다. 첫째는 길가 밭, 둘째는 돌밭, 셋째는 가시덤불 밭, 그리고 넷째는 좋은 밭입니다. 그중에 넷째 밭인 좋은 밭만 구원을 받습니다. 나머지 세 밭은 결과적으로 구원을 받지 못합니다.

첫째로 길가 밭은 예수님을 믿지 않는 자의 마음입니다. 길은 사람들이 많이 다니는 곳, 즉 이 세상을 의미합니다. 이 세상에 속한 자들, 하나님을 믿지 않는 무신론자들이 첫째 밭과 같은 마음의 소유자들입니다. 그들은 하나님을 모욕하고 기독교를 "개독교"라고 비난합니다. 물론 그들에게 그런 모욕을 당하는 빌미를 준 것은 기독교인들입니다. 오늘날의 기독교인들이 얼마나 지탄받을 짓을 많이 합니까? 하나님을 믿지 않는 사람들이 볼 때에 목사들과 교인들이 너무 부끄러운 짓을 많이 하고 있습니다.

목사라는 자가 무수한 어린 여자아이들을 성폭행하고 여 집사들과 불륜을 저지르고 권력에 빌붙고, 수천억짜리 예배당을 지어서 왕 노릇 하고 대형 교회를 세습하는 등 더러운 악취가 풀풀 나는 곳이 오늘날의 기독교입니다. 일부 목회자들은 투표권을 가진 신자 수를 무기로 삼아 정치인들과 손을 잡고 권력을 행사하기도 합니다.

일제 시대에는 거의 대부분의 목회자들이 신사 참배를 하지 않았습니까? 예배 중에도 종을 치면 일어나서 일본을 향해서 신사 참배를 하고 일왕(日王)을 신격화하는 신조(信條)를 외쳤습니다. 재물과 권력과 명예와 욕망에 절어 있는 곳이 종교화된 기독교입니다. 그렇기 때문에 믿지 않는 이들에게 "개독교"라는 욕을 먹는 것이 어찌 보면 당연합니다. 기독교인들은 회개해야 합니다.

아예 하나님을 믿지 않는 자들에게는 생명의 씨를 뿌려 봐야 아무 소용이 없습니다. 길가와 같이 굳어진 마음에 복음의 씨를 뿌리는 것은 시간과 수고의 낭비일 뿐입니다.

예수님도 "거룩한 것을 개에게 주지 말며 너희 진주를 돼지 앞에 던지지 말라 저희가 그것을 발로 밟고 돌이켜 너희를 찢어 상할까 염려하라"(마 7:6)고 말씀하셨습니다. 하나님을 아예 믿지도 찾지도 않는 이에게는 생명의 복음이 아무 소용이 없습니다.

육신의 생각으로 굳어진 마음밭

둘째 씨는 바위 위에 떨어졌습니다. 자기 확신과 편견으로 굳어진 마음에는 생명의 복음이 뿌리를 내릴 수 없습니다. 대부분의 기독교인들은 칭의 교리를 확신합니다. "내 마음에 죄는 있지만, 예수님의 보혈을 내가 믿기 때문에 하나님께서 나를 가상히 여기셔서 의롭다고 불러 주신다. 나는 구원받은 죄인이다." 기독죄인들은 칭의(稱義) 교리를 정통한 기독교 교리 중의 하나로 확신합니다.

그러나 칭의 교리(Doctrine of Justification)는 성경과는 전혀 일치하지 않는 거짓말입니다. 하나님은 죄가 있는 죄인을 의롭다고 불러 주시지 않습니다. 하나님은 진리의 복음을 믿어서 흰 눈같이 죄 사함 받은 의인들만 의롭다고 불러 주십니다.

"모든 사람이 죄를 범하였으매 하나님의 영광에 이르지 못하더니 그리스도 예수 안에 있는 구속으로 말미암아 하나님의 은혜로 값 없이 의롭다 하심을 얻은 자 되었느니라"(롬 3:23-24).

믿음으로 하나님의 의를 얻은 것은 득의(得義)이지, 죄는 있지만 의롭다고 불러 주는 칭의(稱義)가 아닙니다.

1-1=0입니다. 예수님의 완전한 구속의 은혜를 믿으면 죄가 없

습니다. 1-1=1이 진리라고 계속 우기기 위해서, 칭의 교리나 성화 교리와 같은 억지의 교리들이 생겼습니다.

"바위 위에 있다는 것은 말씀을 들을 때에 기쁨으로 받으나 뿌리가 없어 잠간 믿다가 시험을 받을 때에 배반하는 자요"(눅 8:13).

굳어진 육신의 생각이나 거짓 교리의 편견들이 마음속에 꽉 찬 사람에게 진리의 복음을 전해 주면, 처음에는 **"물과 피의 복음"**이 너무나 성경적으로 맞기 때문에 기뻐하며 받아들입니다. 그러나 이 복음으로 인해서 다른 신자들에게 배척을 당하거나 어려움을 겪게 되면 바로 이 복음을 뱉어 버립니다.

마태복음이나 마가복음에는 둘째 밭이 **"흙이 얇은 돌밭"**(마 13:5, 막 4:5)이라고 기록되어 있습니다. 흙이 얇은 돌밭에서 바윗덩어리 같은 육신의 생각과 교리의 장애물을 치우지 않으면 좋은 밭이 될 수 없습니다.

나사로가 죽은 지 나흘이나 되었습니다. 동굴 무덤에 누인 시신에서 썩은 냄새가 풀풀 날 때에, 예수님께서 그 동굴에 가셔서 먼저 바윗돌을 옮기게 하셨습니다. 굳어질 대로 굳어진 육신의 생각이라는 큰 바윗돌을 옮기지 않으면 죽어 있는 자의 영혼에 생명의 말씀이 들어갈 수 없습니다.

신학교에서 배운 지식의 바윗덩어리들, 신비한 영적 체험으로 다져진 확신의 바윗덩어리들을 먼저 제거해야 합니다. 그런 확신의 바윗덩어리들을 의지해서 마음의 죄가 없어졌습니까? 그렇게 믿었는데, 죄가 그대로 있지 않습니까? 죄의 삯은 사망입니다. 죄가 있으면 지옥에 갑니다. 크고 작은 바위들을 뽑아내야 합니다. 그래야만 좋은 밭이 될 수 있습니다.

이생의 염려와 재리와 일락이 뒤덮고 있는 마음밭

"가시떨기에 떨어졌다는 것은 말씀을 들은 자니 지내는 중 이생의 염려와 재리와 일락에 기운이 막혀 온전히 결실치 못하는 자요"(눅 8:14).

도배업을 하는 어떤 집사는 교인이 삼천 명이 넘는 교회에 다닙니다. 그는 교인들의 집과 그들이 소개한 집에만 도매를 해 줘도 사업이 잘됩니다. 그 집사님이 진리의 복음을 듣고 "나는 이제까지 십자가의 피만 믿었는데, 죄 사함을 받지 못했었습니다. 오늘 말씀을 듣고 보니 물과 피의 복음이 진리입니다" 하고 고백했습니다.

그런데 그 집사님이 기뻐하며 집에 가서 부인에게 자기가 오늘 들은 말씀을 전했더니, 부인 집사님이 난리가 났습니다. "당신 미쳤어? 말씀은 맞지만 우리 목사님한테 잘 충성하고 삼천 명이 넘는 교인들과 잘 지내야 돈을 벌지!" 이 세상의 재리와 욕망이 뒤덮인 마음밭에는 복음의 씨가 떨어져서 싹을 내고 줄기가 자라다가도 시들어 버리고 맙니다.

말씀을 듣고 지키는 좋은 밭

"좋은 땅에 있다는 것은 착하고 좋은 마음으로 말씀을 듣고 지키어 인내로 결실하는 자니라"(눅 8:15).

돌덩이와 가시덤불이 제거되고 부드럽고 좋은 흙으로 된 밭이 좋은 밭입니다. 자기 확신이나 육신의 욕망, 잘못된 교리 등을 제하고 순수한 마음으로 하나님의 말씀을 받아들이는 마음밭에 복음의 씨를 뿌리면 뿌리가 내리고 싹이 나서 잘 자랍니다.

사람들의 마음밭이 웬만하면 다 좋은 밭인 줄 압니까? 그렇지 않습니다. 좋은 밭은 희귀합니다. 심령이 가난한 자로서 주님의 생명의 말씀을 경외하는 사람은 드뭅니다. "**내 마음에 찾아도 아직 얻지 못한 것이 이것이라 일천 남자 중에서 하나를 얻었거니와 일천 여인 중에서는 하나도 얻지 못하였느니라**"(전 7:28)고 말씀하셨습니다.

"나 여호와가 말하노라 배역한 자식들아 돌아오라 나는 너희 남편임이니라 내가 너희를 성읍에서 하나와 족속 중에서 둘을 택하여 시온으로 데려오겠고 내가 또 내 마음에 합하는 목자를 너희에게 주리니 그들이 지식과 명철로 너희를 양육하리라"(렘 3:14-15).

좋은 밭의 심령이 되어서 생명의 씨앗인 진리의 복음을 존귀하게 여기고 받아서 싹을 틔우고 구원의 열매를 맺어서 하나님 자녀가 되는 이들은 아주 희귀합니다. 성읍에서 하나, 한 족속에서 두 명밖에 구원을 받는 자가 없습니다. 하나님은 모든 사람이 구원받기를 원하시지만 하나님의 진리의 사랑인 생명의 복음을 마음으로 기뻐하며 받는 자는 그렇게 많지 않습니다.

"**물과 피의 복음**"이 진리의 원형복음(原形福音)이라는 사실을 알고도 바윗덩어리같이 자기 속에 자리를 차지하고 있는 거짓된 확신들, 인간의 교리들, 세상의 욕망, 재리의 근심, 세상으로부터 배척받을 것에 대한 염려 등 때문에 끝내 진리의 씨앗을 뱉어 버리고 마는 사람들이 많습니다.

좋은 밭은 기쁨으로 복음의 씨앗을 받아서 하나님의 의의 열매를 풍성히 맺습니다.

여러분의 마음밭은 이 네 가지 밭 중에 어떤 마음밭일까요? 자기의 마음을 정직하게 한번 들여다보고, 돌이켜서 좋은 밭들이 되시기를 바랍니다.

단번에 주신 믿음의 도

"이에 열두 해를 혈루증으로 앓는 중에 아무에게도 고침을 받지 못하던 여자가
예수의 뒤로 와서 그 옷가에 손을 대니 혈루증이 즉시 그쳤더라
예수께서 가라사대 내게 손을 댄 자가 누구냐 하시니 다 아니라 할 때에 베드로가 가로되 주여 무리가 옹위하여 미나이다
예수께서 가라사대 내게 손을 댄 자가 있도다 이는 내게서 능력이 나간 줄 앎이로다 하신대
여자가 스스로 숨기지 못할 줄을 알고 떨며 나아와 엎드리어 그 손 댄 연고와 곧 나은 것을 모든 사람 앞에서 고하니
예수께서 이르시되 딸아 네 믿음이 너를 구원하였으니 평안히 가라 하시더라"(눅 8:43-48).

야이로라고 하는 회당장의 딸이 죽게 되었습니다. 그래서 야이로는 예수님께 사람을 보내서, "오셔서 딸을 살려 주십시오" 하고 간청했습니다. 예수님께서 회당장 야이로의 집으로 가시는 중에 이런 일이 있었습니다.

열두 해 동안이나 혈루병을 앓고 있었던 한 여인이 있었습니다. 고질병으로 고생하던 그녀는 예수님의 옷에 손을 대기만 해도 병이 낫겠다는 믿음으로 예수님의 뒤로 다가와서 예수님의 옷자락에 손을 댔습니다. 그러자 즉시로 그 여인의 혈루병이 나았습니다.

이 이적(異蹟)은 우리들에게 **"죄 사함은 단번에 받는 것이다"**라는 진리를 가르쳐 줍니다. 죄 사함은 아침마다 찔끔찔끔, 또는 수

련회나 부흥회 때마다 찔끔찔끔 나누어서 받는 것이 아닙니다. 이 여인의 치유 이적은 죄 사함으로 말미암는 하나님의 구원은 단번에 받는 것이라고 분명하게 선포합니다.

이 사건을 좀 더 자세하게 기록한 마가복음의 말씀을 보겠습니다.

"열두 해를 혈루중으로 앓는 한 여자가 있어 많은 의원에게 많은 괴로움을 받았고 있던 것도 다 허비하였으되 아무 효험이 없고 도리어 더 중하여졌던 차에 예수의 소문을 듣고 무리 가운데 섞여 뒤로 와서 그의 옷에 손을 대니 이는 내가 그의 옷에만 손을 대어도 구원을 얻으리라 함일러라 이에 그의 혈루 근원이 곧 마르매 병이 나은 줄을 몸에 깨달으니라"(막 5:25-29).

혈루병(血瘻病)은 여자들의 깊은 곳(자궁)에서 썩은 피가 계속 흘러나오는 병, 즉 하혈병(下血病)입니다. 이 병이 깊어지면 썩은 피가 다리를 타고 흘러내리고 악취가 심하게 납니다. 율법에 의하면, 혈루병이 있는 여자는 부정해서 가까이할 수 없었습니다. 그 병은 아주 부끄럽고 끔찍한 병이었기에, 그 여인은 혈루병을 고쳐보려고 여러 의원들에게 자기의 치부를 보여야 했습니다. 그러나 병은 낫지 않고 더 중해졌으며, 재산만 모두 탕진했습니다.

혈루병은 우리들의 죄악된 상태를 지적하는 죄의 병입니다. 열두 해 동안이나 낫지 않았던 여인의 혈루병은 죄의 병이라는 고질병에 걸려 있는 우리 영혼의 상태를 계시합니다.

"너희의 허물과 죄로 죽었던 너희를 살리셨도다"(엡 2:1).

"And you He made alive, who were dead in trespasses and sins"(Ehp 2:1, KJV).

성경은 죄를 허물(trespasses)과 죄(sins)로 나눕니다. 모든 사람은 태어날 때부터 근원적인 죄를 가지고 태어납니다. 여기에서 죄란, 아담으로부터 유전 받은 죄입니다. 베드로 사도는 "죄"를 **"너희 조상의 유전한 망령된 행실"(벧전 1:18)**이라고 표현했습니다. 죄는 우리 조상 아담에게서 물려받아서 근본 마음에 가지고 태어난 죄의 원재료입니다.

평상시에는 죄가 마음속에 잠복해 있는데, 어떤 환경을 만나서 자극이나 충동을 받으면 말이나 행동이나 생각으로 쏟아져 나옵니다. 밖으로 쏟아져 나온 죄들을 허물(trespasses)이라고 말합니다.

다윗 왕은 우리아의 아내 밧세바와 간음의 범죄를 저질렀습니다. 한창 전쟁 중이었지만, 이제 나라가 안정되어서 다윗은 전쟁터에 나가지 않았고, 그는 왕궁 옥상을 거닐고 있었습니다. 그때에 왕궁에서 내려다보니, 헷 사람 우리야의 아내가 한낮에 자기 집 지붕에서 하얀 알몸을 드러내고 목욕을 하고 있었습니다. 다윗도 아담의 후손이기에 태어날 때부터 음란이라는 죄가 마음에 장착(裝着) 되어 있었습니다. 다윗의 마음속에 잠잠히 엎드려 있던 음란과 간음의 죄들이 쏟아지기 시작했습니다. 그래서 밧세바를 데려다가 간음을 했습니다.

혈루병도 우리의 죄의 병(sin sick)을 같은 원리로 설명해 줍니다. 문제는 혈루 근원에 있습니다. 혈루 근원의 문제를 해결해야만 혈루병이 나을 수 있습니다. 근원적인 문제를 해결하지 않고, 밖으로 드러난 현상만 개선해 보려는 노력은 허사입니다.

자기의 의를 다 잃어버려야 얻는 구원

"많은 의원에게 많은 괴로움을 받았고 있던 것도 다 허비하였으되"(막 5:26).

"**많은 의원**"은 죄 문제를 해결해 주겠노라고 나대는 자칭 하나님의 종들입니다. 죄의 병에 시달려서 신음하는 "**심령이 가난한 자**"(마 5:3)들을 돌팔이 의원들이 고칠 수 있습니까? 거듭나지 못한 소경 목회자들은 자기들도 죄의 혈루병을 앓고 있습니다. 그들은 바리새인들처럼 잔과 대접의 겉을 닦는 데는 완전 전문가들입니다. 그러나 혈루 근원이 어떻게 온전히 치유될 수 있는지에 대해서는 전혀 모르는 영적 소경들입니다.

그 여인은 수많은 영적인 소경들에게 자기의 수치를 드러내며 고쳐 달라고 간청했지만, 아무 효험도 보지 못하고 있는 재산도 다 허비했습니다. 무엇보다도 그 과정에서 자기의 의가 다 깨졌습니다. 예수님을 만나서 하나님의 의를 옷 입게 되는 구원은 자기 의가 다 깨어지고 잃어버린 "의의 꼴찌들"만 얻을 수 있습니다.

잃었던 아들의 비유 말씀을 보면, 둘째 아들이 자기의 몫을 챙겨서 아버지의 집을 나갔습니다. 사람들은 각자 자기의 의를 가지고 인생을 출발합니다. 둘째 아들은 모든 것들을 잃은 후에야 집으로 돌아와서 아버지의 은혜를 입었습니다. 우리는 자기의 옳음, 잘남, 고집과 편견 같은 것들이 다 깨어지고 허비되어 없어진 후에야, 구원자이신 예수님을 만날 수 있습니다.

죄의 고질병 때문에 괴로워하던 사람이 어떻게든지 죄 문제를 해결해 보려고 많은 돌팔이 의원들에게 가서 자기의 수치를 보여 주면서 치유해 달라고 간청했지만 헛일이었습니다. 그런 과정에서 자기의 모든 의가 깨어졌습니다. "이 땅에서는 나를 구원해 줄 자가 아무도 없구나"라는 사실을 깨달아야, 오직 영혼의 의사이신 예수님께 나아가게 됩니다.

이 여자는 자기의 재산과 의(義)를 다 잃어버리고 나서야, 자기가 거짓자들에게 속아서 모든 것을 허비했다는 사실을 깨달았습니다. 그녀는 예수님의 소문을 듣고 예수님에게 마지막 희망을 걸었습니다. "내가 저분의 옷에 손만 대도 내 병이 나으리라" 하는 믿음으로 그녀는 예수님을 따라가서 과감하게 주님의 옷을 붙잡았습니다. 그 여인이 예수님의 옷에 손을 대는 순간에 혈루 근원(根源)이 곧 말랐습니다.

성경에서 옷은 의(義)를 계시합니다. 아담이 스스로 만들어 입었던 무화과 나뭇잎 옷은 인간의 의를 상징합니다. 하나님께서 아담에게 입혀 주셨던 가죽옷은 어린양이 희생되어서 만들어진 의, 즉 하나님의 의를 상징합니다. 오늘의 성경 말씀에서도 예수님의 옷은 하나님의 의를 계시합니다. 이 여인이 하나님의 의를 붙잡은 그 순간에, 그녀의 혈루 근원이 곧 말랐습니다.

찔끔찔끔 죄 사함을 받으려는 자들

대부분의 기독교인들은 아침마다 밤마다 회개 기도를 해서 찔끔찔끔 죄 사함을 받고자 합니다. 오랜 기간 동안 찔끔찔끔, 점진적(漸進的)인 성화의 과정을 거쳐서 우리의 죄가 사해지는 것이 아닙니다. 우리들의 모든 죄가 사해지는 역사, 즉 죄가 근원적(根源的)으로 없어지는 역사는 단번에 이루어집니다.

"또 미리 정하신 그들을 또한 부르시고 부르신 그들을 또한 의롭다 하시고 의롭다 하신 그들을 또한 영화롭게 하셨느니라"(롬 8:30).

하나님께서는 예수 그리스도를 통해서 우리 전 인류의 죄를 이미 다 없애 주셨습니다. 하나님께서는 인류의 대표자인 세례 요한을 세우셔서, 예수님에게 안수의 방법으로 베푼 세례로 세상의 모든 죄를 예수님께 다 넘겼습니다. 받으신 세례로 **"세상 죄를 지고 가는 하나님의 어린양"**(요 1:29)이 되신 예수님은 십자가로 가셔서 **"다 이루었다"**(요 19:30) 하시기까지 우리의 모든 죄를 깨끗하게 대속(代贖) 해 주셨습니다.

예수님은 **"물(세례)과 피로 임"**(요일 5:6)하셔서, 우리 모두를 죄와 상관없는 자들로 만들어 주셨습니다. 하나님께서 우리를 이처럼 사랑하셔서 당신의 독생자를 전 인류의 대속 제물로 주셨습니다. 예수님은 육신을 입고 오신 성자 하나님인데, 당신의 몸으로 **"한 영원한 제사"**(히 10:12)를 드려 주셨습니다. 이제 누구든지 **"성령과 물과 피가 합하여 하나"**(요일 5:8)인 원형의 복음을 믿으면 단번에 죄 사함을 받아서 의롭고 거룩하고 영화롭게 됩니다.

하나님께서는 모든 인류를 진리의 복음 안에서 다 부르셨습니다. 다만 자기가 지옥에 갈 죄인임을 인정하고 하나님을 의지하는 자라야, 하나님의 부르심에 응답할 수가 있습니다. 이 여인은 열두 해 동안이나 혈루병으로 고생하며 모든 것을 나 허비하고 자기 의도 다 깨어졌습니다. 이제 이 여인은 주님의 의를 의지할 수밖에 없었기에, 예수 그리스도의 의를 힘입어서 단번에 혈루 근원이 마르는 은혜를 입었습니다.

기독죄인들은 지금 사단 마귀에게 속고 있습니다. 칭의(稱義) 교리나 성화(聖化) 교리는 사단 마귀가 만든 거짓 교리들입니다.

하나님은 절대로 죄가 있는 자를 의롭다고 부르시지 않습니다. 하나님께서는 죄가 흰 눈같이 씻어진 자를 의인이라고, 죄가 있는 자를 죄인이라고 부르십니다. 예수님께서 재림하셔서 심판하실 때에, 목자가 양과 염소를 나누듯이 죄인과 의인을 나누십니다. 그리고 죄인들은 지옥의 영벌(永罰)에, 거듭난 의인들은 천국의 영생(永生)에 들여보내십니다.

하나님은 "그리스도 예수 안에 있는 구속으로 말미암아 하나님의 은혜로 값 없이 의롭다 하심을 얻은 자"(롬 3:24)들만 당신의 자녀로 삼습니다. 진리의 원형복음을 믿어서 죄 사함을 받은 의인들은 이미 거룩하게 되었고 영화롭게 되었습니다.

그런데 많은 기독교인들이 날마다 회개 기도를 해서, 또 죄를 짓지 않으려고 노력하며 조금씩 조금씩 성화(聖化)를 이루어 가는 것이 올바른 신앙생활이라고 믿습니다. 존 번연의 소설 『천로역정』(天路歷程, The pilgrims of progress)을 읽어 보십시오. 주인공 크리스천(Christian)은 자기 등에 달려 있는 죄의 짐을 벗기 위해서 고난의 긴 여정을 떠납니다. 그는 온갖 유혹과 시련을 통과한 후에, 영광의 언덕에 이르러서 밝은 빛을 본 순간에야 등에 짊어졌던 죄의 짐이 떨어졌다고 서술합니다. 기독교계에서는 이 책을 기독교 최고의 고전(古典)이라고 평가하지만, 그 책의 내용은 진리가 아닙니다. 그렇게 점진적으로, 엄청난 시험을 이긴 결과로 사람이 죄 사함을 얻는 것이 아닙니다.

"죄 사함으로 말미암는 구원"(눅 1:77)은 자기가 지옥에 갈 자임을 인정하고, 물과 피로 임하신 예수님께서 완성하신 하나님의 의를 믿음으로 붙잡을 때에, 혈루 근원이 단번에 마르는 것입니다.

그러나 십자가의 피만의 복음만 믿는 기독교인들은 자기의 죄가 예수님께 넘어간 "세례의 비밀"을 모르기 때문에, 죄가 마음에 그대로 있습니다. 그래서 날마다 찔끔찔끔 죄 사함을 받으려고 회개 기도를 열심으로 드리고 성화의 노선에 진력할 수밖에 없습니다.

"사랑하는 자들아 내가 우리의 일반으로 얻은 구원을 들어 너희에게 편지하려는 뜻이 간절하던 차에 성도에게 단번에 주신 믿음의 도를 위하여 힘써 싸우라는 편지로 너희를 권하여야 할 필요를 느꼈노니"(유 1:3).

우리는 "성도에게 단번에 주신 믿음의 도"로 구원을 받았습니다. 예수 그리스도께서는 받으신 세례와 흘리신 십자가의 피로 우리의 모든 죄와 허물을 깨끗이 없애 주셨습니다. 우리는 진리의 원형복음을 믿음으로 단번에 죄 사함 받고 거듭나서 단번에 하나님의 자녀가 되는 영화(榮華, glorification)를 입었습니다.

초대 교회 시절에도 가만히 들어온 거짓 교사들이 "성도에게 단번에 주신 믿음의 도"를 무너뜨리려 했습니다. 그래서 하나님의 종 유다는 "성도에게 단번에 주신 믿음의 도"를 지키기 위해서 그런 자들과 힘써 싸우라고 권고했습니다.

열두 해 동안 혈루병을 앓던 여인이 예수님의 옷, 즉 하나님의 의를 믿음으로 붙들었을 때에 혈루 근원이 곧 말랐습니다. 누구든지 물과 피로 임하신 예수 그리스도께서 당신의 몸으로 드려 주신 "한 영원한 제사"(히 10:12)의 능력을 믿으면, 마음에서 모든 죄가 단번에 뚝 끊어지는 마음의 할례를 받습니다.

예수님의 세례와 연합한 자들은 자기 옛사람이 예수님 안으로 들어가서, 예수님과 함께 십자가에 못 박혀 죽은 자들입니다. 주 안에서 부활한 자들은 사도 바울처럼 "내가 그리스도와 함께 십자

가에 못 박혔나니 그런즉 이제는 내가 산 것이 아니요 오직 내 안에 그리스도께서 사신 것이라"(갈 2:20)고 고백합니다.

　죄 사함은 날마다 찔끔찔끔, 점진적(漸進的)으로 받는 것이 아닙니다. 열두 해 동안 혈루병을 앓던 여자가 단번에 고침을 받은 역사는 죄 사함의 은혜는 단번에 받는다는 진리를 증거합니다.

꼴찌들의 복음 (1)
누가복음 강해 설교집

1 판 1 쇄 발행 2022 년 8 월 16 일

Copyright © 2022 by Uijedang Press
All rights reserved. No part of this publication may be reproduced, distributed, or transmitted in any form or by any means, without the prior written permission of the publisher.

발행처   도서출판 의제당
주소   제주특별자치도 제주시 계명길 10 (외도일동) 2 층
홈페이지   www.born-again.co.kr / 의제당.kr
연락처 : (064) 742-8591
블로그   pilgrim1952.blog.me
문의   uijedang@naver.com

Author   Samuel J. Kim
Editor   Tim J. Kim
Cover Art   Leah J. Kim
Illustrator   Eunyoung Choi

ISBN 979-11-87235-57-6 04230
　　　979-11-87235-56-9 (세트)

가격   10,000 원

※ 잘못된 책은 구입하신 서점에서 바꿔 드립니다.

[도서출판 의제당 출간서적]

창세기 복음 강해설교집
창세기에서 예수님을 만나다
1,2,3,4,5,6,7

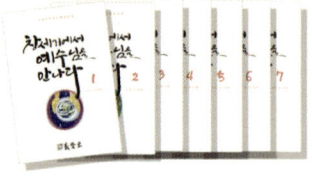

히브리서 강해설교집
복음의 원형과 영원한 속죄 1,2

요한서신서 강해설교집
1. 빛과 어두움 그리고 진리의 사랑
2. 물과 피 그리고 복음의 원형

로마서 강해설교집
1. 의인입니까 / 2. 의인입니다

마태복음 강해설교집
모든의를 이루신 예수 그리스도 1,2,3,4

요한복음 강해설교집
거듭남의 복음 (1), (2)

말라기서 강해설교집
레위와 세운 나의 언약

그리스도의 비밀
(한글판/영문판)

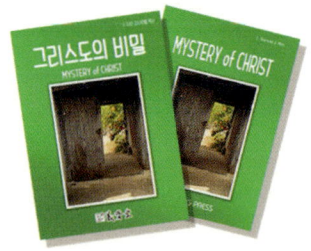

고린도전후서 강해설교집
반면교사 고린도교회

인봉된 말씀

신앙담론집
종교인과 신앙인

창세기시리즈 1권
영어번역본

50일동안 성경 통독하고 거듭나기

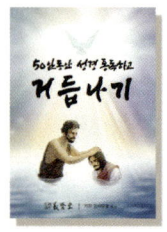